保险理财

从新手到高手

罗春秋◎编著

中国铁道出版社有限公司
CHINA RAILWAY PUBLISHING HOUSE CO., LTD.

内 容 简 介

这本书与以往的保险产品书籍有很大不同。它主要从生活常识的角度去解读保险险种和各大保险产品的优化配置，并不是保险理论和险种的简单列示。通过各类故事和日常案例，生动讲解理财准备及家庭财产险、车险、分红险、万能险、投连险、年金险、社保、健康险、教育险等险种的内容，展示了保险理财的各种实用知识及配置技巧。

本书定位于有保险和理财需求的个人和家庭，尤其是对于保守稳健型的理财投资者，具有很高的参考和实用价值。

图书在版编目（CIP）数据

保险理财从新手到高手 / 罗春秋编著 . —北京：中国铁道
出版社有限公司 , 2021.9
ISBN 978-7-113-28080-2

I. ①保… II. ①罗… III. ①保险 – 基本知识 IV. ① F84

中国版本图书馆 CIP 数据核字（2021）第 120084 号

书　　名：保险理财从新手到高手
　　　　　BAOXIAN LICAI CONG XINSHOU DAO GAOSHOU
作　　者：罗春秋

责任编辑：张亚慧　　　编辑部电话：（010）51873035　　　邮箱：lampard@vip.163.com
编辑助理：张　明
封面设计：宿　萌
责任校对：孙　玫
责任印制：赵星辰

出版发行：中国铁道出版社有限公司（100054, 北京市西城区右安门西街 8 号）
印　　刷：三河市兴达印务有限公司
版　　次：2021 年 9 月第 1 版　2021 年 9 月第 1 次印刷
开　　本：700 mm×1 000 mm 1/16　印张：15.5　字数：199 千
书　　号：ISBN 978-7-113-28080-2
定　　价：69.00 元

前言

　　保险就是社保？还是作为一种社保辅助？有了社保我们还需要配置其他保险吗？配置保险还可以获得理财收益吗？

　　目前，各大保险公司推出的保险产品非常丰富，包括意外险、财产险、医疗险、重疾险、分红险、万能险、投连险、年金险、养老险、教育险等。各类险种各具特色，能为被保险人在意外或疾病发生且有资金需求时提供报销或给付保障，减轻家庭的经济压力。同时通过理财类保险的配置，能获得相应的理财收益，为家庭资产增值、孩子教育、养老规划等积累资金。

　　所以，配置保险不仅可以获得保障，还可以实现家庭资产的增值，是一种理财的体现。

　　种类繁多的保险该如何配置呢？

　　面对保险市场中的众多产品，如何最优配置，实现保险理财从新手到高手的进阶？为此，编者编写了这本书。书中内容可以帮助读者通过常识、案例、图表、实操等形式将常用险种进行细化，将枯燥的保险理论生活化，使读者在具体险种的配置上能具有明确的方向，快速上手操作。

全书共 9 章，可划分为以下四个部分：

◆ 第一部分为第 1 章，这部分主要对保险理财的基础常识进行介绍，如投保种类、投保渠道、投保误区、投保售后等，从最简单的常识入手，为后面的保险配置打下基础。

◆ 第二部分为第 2 章，这部分主要是对家庭财险常识及配置的说明，通过这部分的内容，读者可以更好地规划家庭的财险及车险。

◆ 第三部分为第 3 ~ 7 章，这部分内容较多，主要是对分红险、养老险、万能险、投连险、社保等理财类保险的相关常识、理财收益、实操配置等进行说明，便于读者更好地优化配置适合自身的理财险。

◆ 第四部分为第 8 ~ 9 章，这部分主要对健康险及教育险的相关常识及险种配置进行说明，将复杂的险种生活化、明细化，便于读者后期更好地理解和运用。

这本书的优势在于从日常生活的角度出发，用生活常识和数据的对比，展示了保险理财的各种实用知识，并利用丰富的故事、案例、表格等降低了保险理论的枯燥感，让读者在一种轻松有趣的阅读氛围中学习书中的知识。

最后，希望所有读者都能对书中内容学以致用，快速打破保险理财壁垒，轻松配置适合自己的保险产品，获得应有的保障和理想的收益。

编　者

2021 年 5 月

目录

第 1 章 保险理财，基础知识先储备

古语有云：兵马未动，粮草先行。可见粮草对战争的成败至关重要。在保险理财中也是如此，这里的"粮草"是指我们需具备的基础知识，只有掌握充足的基础知识，才能更好地做好保险理财。

1.5　投保售后需注意

第 2 章　家庭资产不缩水，财险车险两相随

保险理财不仅能实现基本保障及理财收益，更重要的是，在家庭理财过程中，能在一定程度上保障家庭的资产不缩水。而守住家庭资产就需要掌握门道，配置财产险，减少家庭开支可以投保车险。

2.1　财险配置，全面核保

2.2 车险投保，量身定制

第 3 章　想享受分红，分红险看一看

如果有一种保险不仅能保人身，还能实现分红，本金也有保障，而且没有理财门槛的限制，你会不会考虑？分红险就是这样的一类保险产品，那么分红险能分多少红？风险有多大？理财误区有哪些……本章简单聊一聊。

3.1 分红险，知识储备是前提

第 4 章　养老有质量，初配年金险

近年来，保险理财产品不断更新，年金保险也越来越受到消费者的青睐，甚至逐渐成为爆款。年金保险与其他保险相比，有何特色？收益好吗？风险高还是低？如何配置年金险？且看本章来说明。

第 5 章　储蓄好"姐妹",中配万能险

　　银行储蓄相对其他理财产品,一直以来都是最稳定、最安全的理财方式,但相对来说收益一般,且长期抗通胀的能力较弱。那么有没有一种保险理

财，像银行储蓄一样安全可靠、收益稳定，抗通胀的能力也还不错呢？那就是万能险。

第 6 章　理财保障两全法，高配投连险

投连险，保险理财中的高配，相对于分红险、年金险、万能险，收益更多样，风险也更高。那么投连险怎么运作？收益怎么计算？账户设置有何区别？投连险风险有多大？如何选择投连险？本章浅析一下。

第 7 章　开源节流，开启社保理财新技能

关于社保，失业金可以领多少？医保最高报多少？生育险什么时候开始领？哪些意外不能报工伤？社保中断怎么办……社保不仅可以作为人生保障，还可以用于定期理财，社保理财有妙招。

7.3　社保卡的金融特性

第 8 章　守住家庭财富，意外和健康早规划

　　保险的本质是对未来风险的提前买单，而意外和疾病则是人生路上最大的潜在风险，我们不能保证永远不发生意外，那么就要避免意外和疾病成为家庭财富最大的消磨器。守住家庭财富，意外和健康保险早规划。

8.1　家庭出行有保障，意外险来报道

第 9 章 减少家庭支出，教育险来辅助

　　工薪族每年的房贷和孩子教育支出是家庭的两大重要开支，特别是孩子的教育开支，随着孩子年龄增长而不断增加。有一种保险不仅可给孩子的医疗支出、意外、伤残等提供保障，还能获得一定理财收益并解决孩子的一部分教育费用，甚至孩子还能获得创业金，那就是教育险。

第 1 章

保险理财
基础知识先储备

古语有云：兵马未动，粮草先行。可见粮草对战争的成败至关重要。在保险理财中也是如此，这里的"粮草"是指我们需具备的基础知识，只有掌握充足的基础知识，才能更好地做好保险理财。

1.1 投保种类需了解

在各大超市的不同货架上都有不同种类的日常生活用品，而在保险理财"超市"，一般我们可以将产品分为六大类：意外类、重疾类、教育类、理财类、养老类和财产保险类。在这六大类下，又根据期限、收益、保障、保险公司的不同等进一步划分出众多的产品。要在诸多的产品中选择最经济实惠的那一款，了解产品很重要。

❶ 意外重疾配一配

意外险又称意外伤害保险，主要有个人意外伤害保险、团体意外伤害保险、航空意外伤害保险、旅游意外伤害保险等险种。

简单来说就是保障人的身体，当被保险人因为各种意外伤害造成医疗费用支出、残疾、丧失劳动力、死亡等，保险公司需要向受益人给付保险金。

意外险可以作为主险单独购买，也可以作为附加险和主险一起购买。意外险，一般保费比较低、保障期限较短、无须体检、保额灵活。

作为工薪族，为什么需要购买意外险呢？

案例故事 张先生的意外险保障

张先生在年初的时候，因为各种原因失业了，社保断缴，于是在朋友的介绍下购买了一款意外险，保费为 308.30 元，保障期限为 1 年。他享有的保障如表 1-1 所示。

表 1-1　保障计划

保障类型	保障范围	保险金额
一般意外	意外身故、伤残	20 万元
	意外医疗	2 万元
津贴及车费	住院误工津贴	100 元 / 天
	救护车费用报销	2 000 元
交通意外	飞机意外身故、伤残	100 万元
	火车意外身故、伤残	100 万元
	轮船意外身故、伤残	0 万元
	汽车意外身故、伤残	30 万元
健康保障	甲乙类传染病身故	20 万元
医疗服务（赠送）	意外住院垫付 / 担保服务	赠送

不久后张先生入职新公司，平时都是骑电动车上下班。在一次见客户的路上因为下雨天路滑摔倒了，手腕受伤，在医院门诊就诊花费医药费 1 105.45 元。朋友在朋友圈看到这个事情，让他申请全额理赔，随后保险公司在他递交资料的第二天，就将赔付资金打到了他的账户里。

工薪族为什么需要购买意外险？因为在某种程度上意外险可以弥补意外伤害给家庭带来的损失，从根本上能减少家庭的支出。

家庭财富的两大"杀手"，除了意外还有重疾。那么面对这个"杀手"，我们可以给家庭财富请个"保镖"——重疾险。重疾险，简单理解就是针对重大疾病的保险，重大疾病保险于 1983 年在南非问世，20 世纪 90 年代引入我国。根据相关数据：人的一生罹患重大疾病的概率还是挺高的，而重大疾病的平均治疗花费一般都在 10 万元以上，并且现在重大疾病患者还在年轻化。那么重大疾病保险能保住多少家庭财富呢？

来看下面这个例子。

案例故事 刘女士的重疾险保障

刘女士在一家公司做策划，月均工资 6 000 元。随着年龄的增长，再加上平时熬夜加班较多，日常又缺乏锻炼，她担心自己患重大疾病的概率比同龄人更高。于是在年初的时候，她给自己购买了一份短期的重大疾病保险，其中重大疾病保额为 20 万元，重症监护室保险金为 2 万元，年交保费为 244 元。

同年 11 月份的时候，天气寒冷，刘女士感冒很久都不见好，还有加剧的情况，去医院检查为急性淋巴细胞性白血病，经过多次化疗及手术，治疗费用给家庭带来了很大的压力。朋友提醒她申请保险理赔，经过保险公司的调查和审核，最终保险公司给她支付了重大疾病保险金 20 万元。

"明天和意外，我们不知道哪一个会先来临"，而购买重疾险，能够在很大程度上守住家庭财富。由此可见，对于家庭财富的两大"杀手"，配置两大"保镖"——意外险和重疾险，很有必要。

❷ 教育医疗两不误

根据 2019 年全国居民人均消费支出及构成的调查结果：房子、教育、医疗占中国家庭消费支出一半左右，其中教育文化娱乐花费达 2 513 元，医疗保健消费达 1 902 元。对于工薪族来说，这 3 项都是家庭必要的支出项。

教育险能在一定程度上减少家庭的教育和医疗支出，同时还能通过强制储蓄，给孩子积累人生第一桶金。

教育险又称教育金保险，保障的对象是 0 ~ 14 周岁或 17 周岁的少儿，包括单纯教育金和具有保障功能的教育险。

案例故事 汤女士的教育险配置

汤女士今年 28 岁，在一家公司做平面设计，月薪在 8 000 元左右。她和先生都有社保，同时还有一个可爱的宝宝。宝宝现在 3 个月了，她和先生决定给宝宝购买一份教育险，积累一定的教育金，她购买的教育险如表 1-2 所示。

表 1-2 保障计划

险　　种	保　　额	交费期限	保障期间	年交保费（元）
天使两全	8 万元	18 年	25 年	3 560
天使附加重疾	4 万元	18 年	25 年	308
附加状元教育金	2 万元	18 年	21 年	3 676
IPA		1 年	1 年	536
真爱豁免	3 676	1 年	1 年	100.4
总计	－			8 180.40
保障项目				
创业金	25 岁一次性领取留学金或创业金 8 万元及增额分红			
分阶段领取教育金	18 岁、19 岁、20 岁、21 岁时各领取 2 万元及增额分红			
重大疾病保障	保障 25 年，涵盖 22 种少儿及成人常见重大疾病，高达 2 倍基本保额（8 万元）的重疾保障，其中小儿白血病保额为 9.20 万元，重症监护津贴每日 10 元			
意外医疗	社保报销后，可每次报销 5 000 元，每年不限制次数			
住院医疗及津贴	30 天后住院、手术费用等每年不限次数，社保报销后剩余部分按实际发生的合理费用报销 90%，其中住院津贴每日 10 元，最多 180 天			
烧烫伤及残疾金	一次性赔付 1 万元到 5 万元，18 岁后 1 万元到 10 万元			
身故金	18 周岁之前不幸身故，返还全部所交保费 + 红利 +5 万元意外身故金；18 岁之后身故，退保费 +4 万元身故保险金 + 红利 +5 万元意外身故金			
保费豁免	在保险交费期间，若投保家长身故、全残、患 30 种重大疾病，后续保费即刻豁免，孩子的保障不变（一年期保障除外）			

如上例所示，汤女士给孩子配置的教育险，包括了基本的医疗、重

疾、住院、理财分红、教育金、创业金等。年交保费 8 180.40 元，月交保费 681.70 元，这就意味着家庭月支出需要增加 681.70 元，但这对于孩子的保障和将来的教育支出是有利的，特别是医疗、重疾、大学教育金、创业金、增额分红等。但该保险只保障到孩子 25 岁，非终身。对于教育险，后面章节我们将详细说明，这里只做简单探讨。

❸ 理财养老可两全

对于保险理财，除了能强制储蓄，节省开支，还可以开源创收，比如我们购买理财类和养老类保险。

理财类的保险包括分红险、投连险、万能险，商业养老保险包括年金险。分红险简单说就是投保人购买的保险不仅具有基本的保障功能，还能参与保险公司的经营成果分红。但分红多少根据保险公司的实际经营成果而定，当保险公司的经营成果为负时，当年投保人的分红可能为零。

投连险是一种融保险与投资功能于一身的新险种，设有保证收益账户、发展账户和基金账户等多个账户。每个账户的投资组合不同，收益率就不同，投资风险也不同。由于投资账户不承诺投资回报，保险公司在收取资产管理费后，所有的投资收益和投资损失均由客户承担。

万能保险与传统寿险一样也属于保险产品，但是它在给予被保险人生命保障之外，还可以让客户直接参与由保险公司为投保人建立的投资账户内资金的投资活动。保单价值与保险公司独立运作的投保人投资账户资金的业绩挂钩。在投资账户中，投保人将投资管理权全部交由保险公司进行管理，投保人可以享受投资账户中的投资收益。

而对于养老保险，我国的养老保险简单分为四大类：基本养老保险、企业补充养老保险、个人储蓄性养老保险和商业养老保险。其中，基本养老保险就是社保中的养老保险，一般由国家、企业、个人三方共同负担；企业补充养老保险简单说是企业根据自身经济能力，在为员工购买基本养老保险的基础上，为企业职工建立的一种辅助性的养老保险；个人储蓄性养老保险是个人选择的一种补充养老保险，具有一定的储蓄性，可以选择不同的保险公司以及投保形式；商业养老保险是一种寿险，受益人可以定期领取养老金，同样是对于社保养老保险的一种补充形式，如常见的年金保险。

　　无论是理财类保险还是商业养老保险，都可以体现理财及养老的功能。保险理财具有投资期限较长、强制储蓄、专款专用、资产传承与配置等特点。对于个人或者家庭来说，配置理财保险或养老保险，都是为了获得理财收益，但保险产品很多，如何挑选到最适合的理财产品是关键。

　　与银行储蓄相比，保险理财又有何不同呢？简单说明如表 1-3 所示。

表 1-3　保险理财和银行储蓄比较分析

项　　目	保险理财	银行储蓄
投资期限	理财期限时间较长，如 5 年、10 年、20 年，保障终身	具有不同的存期，单期最长 5 年，最短一天，到期续存
利率	不同的险种，利率不同	不同的储蓄方式，利率不同
计息方式	复利计息，利息计入本金	一般实行单利计息
收益	收益具有不确定性，与保险公司的经营与运作相关	按照不同存期及本金计算利息收入
风险	具有理财、市场、经营等方面的风险	风险极低，到期银行还本付息
优势	投资期限越长，收益越可观，可享受长期投资收益	安全性高、灵活支取、短期收益相对较高
劣势	一般短期内，理财收益不高，适合中长期持有	收益相对固定，且抗通货膨胀的能力较弱
适合人群	适合稳健、中高风险承受能力者	适合稳健、低风险承受能力者

总体来看保险理财和银行理财，都属于相对稳定的理财，都可以获得一定的理财收益。而保险理财，在获得理财收益的同时，还具有一定的保障功能。但具体选择哪一种，需要从个人的风险承受能力、理财偏好、经济预算、投资期限等多方面去考虑，没有最好，只有最适合。

1.2 投保常识需掌握

投保人、被保险人、受益人，这"三人"的关系是什么？保单贷款，保单的现金价值如何？怎么读懂保险条款？体检不过怎么投？异地理赔及多份保险理赔程序怎么走？赔多少……这些保险的基础常识，在我们投保之前，需要有一定的了解。

❶ 何为投保"四人"

投保人一般是指与保险人订立保险合同，按照保险合同负有支付保费义务的人，可以是自然人也可以是法人。

保险人，就是保险的承保人，一般是指与投保人签订保险合同，承担赔偿或者给付保险金责任的保险公司。保险人是法人，非公民个人。

被保险人是根据保险合同，人身或者财产受到保险保障，在保险合同约定保障的保险事故发生后，享有保险金请求权的人。一般人身保险中，投保人、被保险人、受益人可以为同一人，也可以是不同的人，具体需要在保险合同中进行约定。

受益人是根据保险合同享有保险金请求权的人，一般投保人或者被保险人都可以作为受益人，如果没有指定受益人，一般为被保险人的法定继承人为受益人。受益人又可以分为生存受益人和身故受益人。

刘女士在年初的时候给自己购买了一份女性保险，主要针对的是女性高发疾病的保障，其中保费为 270 元，保障期限为 1 年，保额为 20 万元。刘女士在保障期间，经过了观察期后，如果乳腺癌症、阴道癌症、子宫内膜癌症、子宫颈癌症、输卵管癌症、卵巢癌症等中任一疾病发生，保险公司都将向刘女士一次性赔付 20 万元。

如上述刘女士保险理财案例中，刘女士为自己投保，自己支付保费，保障的是自身，同时享有保险金请求权，投保人、被保险人和受益人都是刘女士自己。

张女士给自己的妈妈购买了一份综合医疗保险，保费为 226.03 元，保障期限为 1 年，其中意外伤害身故、残疾、猝死，保险公司一次性给付张女士 10 万元；意外伤害医疗保额 8 000 元；意外住院津贴 100 元 / 天；火车、汽车、天然气意外伤害身故或者残疾保额分别为 50 万元、10 万元、10 万元；救护车费用报销 2 000 元，银行卡盗刷保额 5 万元。

如上述张女士的保险理财案例，投保人为张女士，被保险人为妈妈，受益人为张女士。

除了如上介绍的投保"四人"，一般还有保单所有人。保单所有人就是保单的持有者，可以与投保人、受益人为同一人，或者是被保险人的法定继承人，但一般我们常见的保险合同，保单所有人和被保险人为同一人的情况比较多。

❷ 怎么理解保单现金价值

保单现金价值是指具有储蓄性质的人身保险合同具有的价值。一般退保时，保险公司会退还一笔现金，但这笔现金不是你交纳的全部保费，是保险公司扣除一定的费用后剩余的金额。这部分金额一般就理解为保单现金价值，交纳的保费越多，保单现金价值越高。

一般如果保险理财的时间不长就申请退保，保单的现金价值并不高，因为扣除相关的费用后，退还的金额并不多。根据新的保险法规定，在如下的情形发生时，保险公司需要向投保人退还保单的现金价值。

①投保人填写的信息不准确，如投保人的真实年龄不符合合同约定的年龄限制，保险公司可以解除保险合同。

②保单是分期交费，当投保人支付首期保险费后，投保人在后期的保费交纳中，从保险人催告之日起超过三十日或超过约定的期限六十日未支付当期保险费，保险合同效力中止。自合同效力中止之日起满两年双方未达成协议，保险人解除合同，按照合同约定退还保单的现金价值。

③被保险人因为故意犯罪或者抗拒依法采取的刑事强制措施，最终伤残或者死亡，保险人不会承担保险金的给付责任，但如果投保人已经交满两年以上的保费，保险人会根据保险合同退还保单的现金价值。

④投保人主动申请解除保险合同，保险人应当自收到解除合同通知之日起三十日内，按照合同约定退还保险单的现金价值。

⑤以死亡为给付保险金条件的合同，自合同成立之日起两年内被保险人自杀。

此外，根据保险法的规定，如果投保人故意造成被保险人死亡、伤残、疾病，保险人不承担给付保险金的责任。但投保人已交足两年以上保费的，保险人应当按照合同约定向其他权利人退还保单的现金价值。

对于保单现金价值的计算，有一个简单的公式：保单的现金价值＝投保人已交纳的保费－保险公司的管理费用－保险经纪人佣金－纯保费＋剩余保费所生利息。但在实际购买中，保单的现金价值计算更复杂，而且可能存在交费 1 000 元，扣掉各种费用后，退款 100 元的情形。

对于交费时间不长的保单，扣掉各种费用后，申请退保是不划算的，如果有资金周转需求，一般可考虑保单贷款。

保单贷款是以保单的现金价值作担保，从保险公司获得的贷款。贷款的金额大小取决于保单的有效年份，一般贷款利率会低于市场利率，如果到期贷款人不偿还相应的贷款金额，贷款本金和利息将从寿险保单的死亡赔偿中扣除。常见的保险如万能险、分红险、养老险等，在投保一年后，保单就具有一定的现金价值，都可以进行保单贷款，但具体情形还是要依保险合同的具体条款而定。

保单贷款的金额一般是按照保单现金价值的一定比例给付，如保单现金价值 1 万元，保单贷款 6 000 元，贷款利率为 5%，贷款期限为 6 个月，到期一次性全部偿还本金和利息。

保单贷款一般只适合于投保两年以上，且保单存在现金价值的情况。一般保险公司所提供的最大贷款金额为客户保单现金价值的 70% ～ 80%。此外，并非所有的保单都能进行贷款，具体要看保险合同约定。保单贷款只适用于短期资金周转，不适合股票类高风险投资。保单贷款必须由投保人或被保险人申请，不允许委托办理，且保单如果已经进行保费豁免，则不能申请。

对于投保人和被保险人，保单现金价值具有一定的意义，如退保时，退保的余额就是按照现金价值领取。一般具有收益功能的保险，保险公司都是以保单的现金价值的一定比例计算受益人可获得的收益，而不是以所交的保费计算。在实际购买中，应注意合同条款对此的约定，避免以后出现理赔纠纷。

对于保单的现金价值的使用与管理，常见的有确定保单的现金价值的所有权、进行保单抵押贷款、确定保单的生存利益、确定现金价值的增值等。

现金价值一般从法律上来说是属于保单所有人的，且是一项不可没收、不可丧失的权利。保单抵押贷款简单说就是以保单作抵押，获得的贷款。保单的生存利益是指投保人在投保初期就预付了一部分死亡成本，当投保人申请退保时，投保人有权利要求保险公司将预付的超出保单成本的保费部分退还。保单现金价值的增值就体现在积累的现金价值不仅仅可以作为储蓄，还可以作为一种投资成本，获得相应的投资收益。

随着交纳的保费的增加，现金价值也不断实现积累，关于保单的现金价值，要注意如下事项：

①保险公司将保单的现金价值放在统一账户还是独立账户。

②保单所有人对积累的保单现金价值用于投资是否具有一定的决定权或者选择权，还是不能实行权利。

③现金价值是否具有一定的投资收益，如果有收益，是固定收益率还是按照市场收益率计算。

④保单的现金价值是否作为被保险人的死亡保险金的一部分。

⑤保单的现金价值在多年的积累过程中，风险如何。

一般情况下，保险公司会根据保险事故发生的概率大小来确定保险费率大小，事故发生的概率越高，保险费率越高。在人寿保险中，交费期限通常较长，随着被保险人的年龄的增加，各种保险事故发生的概率也更大，保险费率也会越高，这样就给投保人带来相当大的压力。

为此，在实际的保险理财中，保险公司一般会采用"均衡保费"的办法，将投保人需要交纳的全部保费在整个交费期间进行平摊，使投保人每一期交纳的保费都相同。投保人年轻时，死亡率低，投保人交纳的保费超过了实际需求，超过的部分逐年积累；当投保人年老时，死亡率高，实际交纳的当期保费已经不足以支付当期赔款，于是年轻时交纳的超出实际需求的保费就用于弥补该不足。

❸ 保险合同注意事项

保险产品与其他理财产品一样，没有实际的形态，大多以合同的形式存在。那么关于保险合同，在签字确认之前，我们该注意哪些方面呢？

首先，确认保险合同的有效起止时间，保险合同什么时候开始生效，什么时候到期。例如，刘女士在去年 12 月 2 日给自己购买了一份女性健康险，该保险的保障期限为一年，最近快要到期，她正在考虑是否续保。

刘女士的保险合同生效日在 12 月 3 日，通常合同生效日在购买日的次日，因为保障期限为一年，到期日为今年的 12 月 3 日。一般在到期日前，保险公司会提前以短信或者其他方式告知。

其次，要注意保险的责任范围，简单理解就是哪些场景下保险公司是会理赔的。一般保险责任与保险公司的承保项目息息相关，同样以刘女士给自己购买的健康险为例。

案例故事 从电子保险合同中看四大注意

打开刘女士购买的电子保险合同，我们可以看到，刘女士购买的这款女性健康保险的责任范围主要如图 1-1 所示。

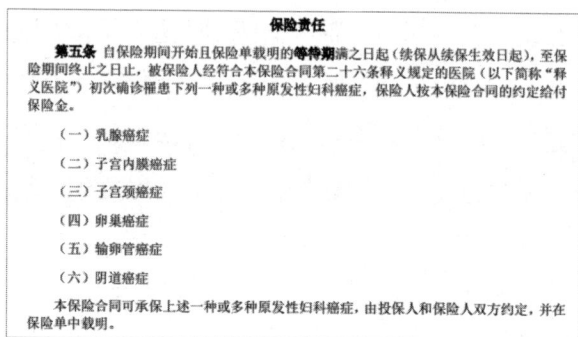

保险责任

第五条 自保险期间开始且保险单载明的**等待期**满之日起（续保从续保生效日起），至保险期间终止之日止，被保险人经符合本保险合同第二十六条释义规定的医院（以下简称"释义医院"）初次确诊罹患下列一种或多种原发性妇科癌症，保险人按本保险合同的约定给付保险金。

（一）乳腺癌症

（二）子宫内膜癌症

（三）子宫颈癌症

（四）卵巢癌症

（五）输卵管癌症

（六）阴道癌症

本保险合同可承保上述一种或多种原发性妇科癌症，由投保人和保险人双方约定，并在保险单中载明。

图 1-1　保险责任

从上图中我们可以看到，刘女士的健康险的保险责任主要包括当刘女士初次确诊罹患乳腺癌症、子宫内膜癌症、子宫颈癌症、卵巢癌症、输卵管癌症、阴道癌症一种或者多种疾病，保险人将根据合同约定给付相应的保险金，具体金额根据合同约定。

接着，要明确除外责任。就是在哪些情形下，保险公司是不会提供理赔的，它和保险合同的责任范围是相反的。

在刘女士购买的电子保险合同中，在责任范围的下方，我们就可以看到责任免除条款，如图 1-2 所示。

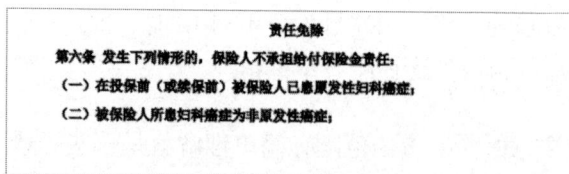

责任免除

第六条 发生下列情形的，保险人不承担给付保险金责任：

（一）在投保前（或续保前）被保险人已患原发性妇科癌症；

（二）被保险人所患妇科癌症为非原发性癌症；

图 1-2　责任免除

当然，除了图中显示的两种情形之外，还有其他的一些责任免除情况。在这里我们只做了部分展示，具体可以查看相应的保险合同条款，对于不能理解的条款，需要先向客服咨询清楚。

　　然后，确定理赔金额是多少。一般保险理赔金额与保险保额相关，在保险合同中会做简单的说明。在刘女士购买的健康险的保险合同中，我们可以看到，保险理赔金额如图 1-3 所示。

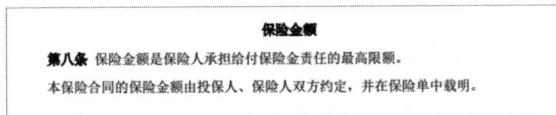

保险金额

第八条 保险金额是保险人承担给付保险金责任的最高限额。

本保险合同的保险金额由投保人、保险人双方约定，并在保险单中载明。

图 1-3　保险金额

　　如上图所示，保额是保险公司给付理赔金额的最高限额，具体金额双方可以进行约定并载明在投保单中。

　　最后，明确双方的权利和义务，特别是投保人和被保险人的权利和义务。在刘女士的健康保险合同中，我们可以看到刘女士根据合同约定需要履行的义务如图 1-4 所示。首先是对于保费缴清的义务，其次是投保人要如实告知，否则保险人有权解除保险合同或者不承担给付保险金的责任；而如实告知中，又包括故意不履行如实告知义务和重大过失导致的不能履行如实告知义务的后果。这里只做了部分义务展示，具体可以查看保险合同条款。

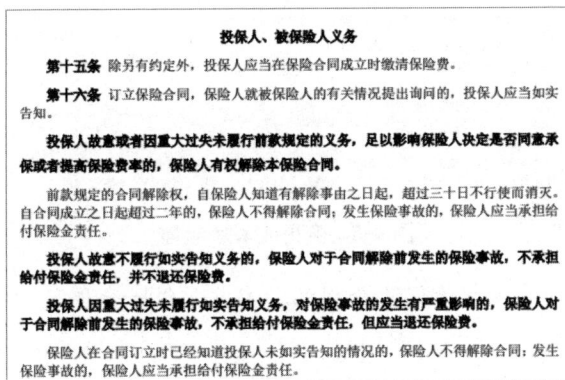

投保人、被保险人义务

第十五条 除另有约定外，投保人应当在保险合同成立时缴清保险费。

第十六条 订立保险合同，保险人就被保险人的有关情况提出询问的，投保人应当如实告知。

投保人故意或者因重大过失未履行前款规定的义务，足以影响保险人决定是否同意承保或者提高保险费率的，保险人有权解除本保险合同。

前款规定的合同解除权，自保险人知道有解除事由之日起，超过三十日不行使而消灭。自合同成立之日起超过二年的，保险人不得解除合同；发生保险事故的，保险人应当承担给付保险金责任。

投保人故意不履行如实告知义务的，保险人对于合同解除前发生的保险事故，不承担给付保险金责任，并不退还保险费。

投保人因重大过失未履行如实告知义务，对保险事故的发生有严重影响的，保险人对于合同解除前发生的保险事故，不承担给付保险金责任，但应当退还保险费。

保险人在合同订立时已经知道投保人未如实告知的情况的，保险人不得解除合同；发生保险事故的，保险人应当承担给付保险金责任。

图 1-4　投保义务

　　当然，投保人和被保险人需要根据合同约定履行义务，保险人同样需要履行义务。在这里我们不再做详情展示，具体可以查看保险合同。

看保险合同时除了如上几大方面要注意，还应关注保险合同如果需要变更或解除时该怎么办？履行合同出现争议怎么解决？条款有没有具体释义？同样以刘女士的健康保险合同为例进行介绍。

案例故事 从电子保险合同中找三大答案

打开刘女士购买的电子保险合同，我们可以看到保险合同变更或解除时，双方规定如图1-5所示。投保人和保险人是可以协商变更相应的保险合同的，同时在保险合同成立后，投保人也可以以书面的形式通知保险人解除保险合同，但保险人已经支付了相应的保险金除外。

一般在保险合同中，会对解除保险合同的手续和文件进行详细说明，如图1-5所示，投保人在解除保险合同时，需要提供合同解除申请书、保单号、保费交费凭证、投保人身份证明等资料。

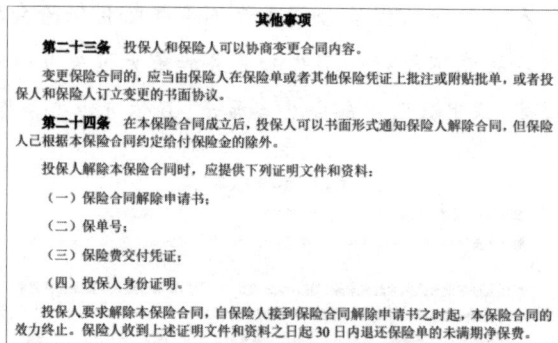

> **其他事项**
>
> **第二十三条** 投保人和保险人可以协商变更合同内容。
>
> 变更保险合同的，应当由保险人在保险单或者其他保险凭证上批注或附贴批单，或者投保人和保险人订立变更的书面协议。
>
> **第二十四条** 在本保险合同成立后，投保人可以书面形式通知保险人解除合同，但保险人已根据本保险合同约定给付保险金的除外。
>
> 投保人解除本保险合同时，应提供下列证明文件和资料：
>
> （一）保险合同解除申请书；
>
> （二）保单号；
>
> （三）保险费交付凭证；
>
> （四）投保人身份证明。
>
> 投保人要求解除本保险合同，自保险人接到保险合同解除申请书之时起，本保险合同的效力终止。保险人收到上述证明文件和资料之日起30日内退还保险单的未满期净保费。

图1-5 变更或解除合同

投保人主动要求解除保险合同的，要注意保险合同效力终止日期以及未满期的净保费。

双方在履行合同时，如果出现争议该怎么办？是解除合同还是寻找法律途径解除？

在刘女士的保险合同中，我们可以看到，对于争议处理的具体约定，如图1-6所示。当双方出现争议时，首先双方协商解决，协商不成再提交保单载明的仲裁机构仲裁；如果未达成仲裁协议的，向法院提出诉讼，并且合同产生的一切争议都适用中华人民共和国法律。

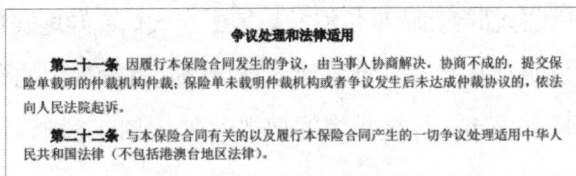

争议处理和法律适用

第二十一条 因履行本保险合同发生的争议，由当事人协商解决。协商不成的，提交保险单载明的仲裁机构仲裁；保险单未载明仲裁机构或者争议发生后未达成仲裁协议的，依法向人民法院起诉。

第二十二条 与本保险合同有关的以及履行本保险合同产生的一切争议处理适用中华人民共和国法律（不包括港澳台地区法律）。

图 1-6　争议处理规定

对于合同的一些专有名词，在合同的最后都会做具体的说明，如周岁、保险人、医院等，如图 1-7 所示。

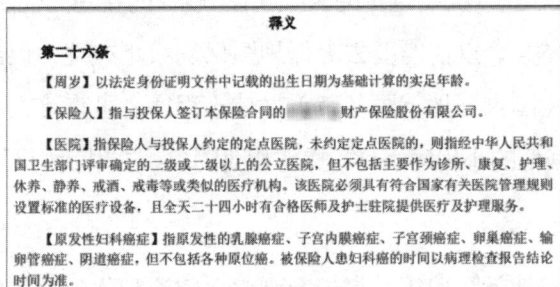

释义

第二十六条

【周岁】以法定身份证件文件中记载的出生日期为基础计算的实足年龄。

【保险人】指与投保人签订本保险合同的███财产保险股份有限公司。

【医院】指保险人与投保人约定的定点医院，未约定定点医院的，则指经中华人民共和国卫生部门评审确定的二级或二级以上的公立医院，但不包括主要作为诊所、康复、护理、休养、静养、戒酒、戒毒等或类似的医疗机构。该医院必须具有符合国家有关医院管理规则设置标准的医疗设备，且全天二十四小时有合格医师及护士驻院提供医疗及护理服务。

【原发性妇科癌症】指原发性的乳腺癌症、子宫内膜癌症、子宫颈癌症、卵巢癌症、输卵管癌症、阴道癌症，但不包括各种原位癌。被保险人患妇科癌的时间以病理检查报告结论时间为准。

图 1-7　释义

当然，在保险合同中，保险释义有很多条款，在这里我们只做了部分展示，具体应以保险合同为准。不同的保险合同，保险释义也存在一定的差别，读懂保险条款很有必要。

④ 异地就医，医保报多少

张先生和妻子在深圳工作，且今年有了宝宝，母亲从老家过来帮忙带孩子，但是母亲身体不是很好，有"三高"，需要一直服药，且母亲和父亲的医保都是在老家购买的。他很疑惑母亲的医保卡能不能在当地使用？如果能够使用，异地就医能报销多少比例？

◆ 异地就医人群分类

一般异地就医人群包括：单位派驻异地工作人员或异地安置退休人员、长期异地居住的退休人员、异地急诊或符合转院就诊规定的参保人员。不同的人群，不同的城市，异地报销的规则存在一定的差别，具体应以实际为准。

◆ 异地直接结算前提

如果要在异地直接结算，一般需要满足持有金融社保卡并激活、在参保地办理备案登记手续、在选定的医院就诊、就诊的费用为住院费用等条件。对于异地就医备案，以前需要去参保地医保局线下办理，但近年国家医疗保障局上线了（国家异地就医备案）微信小程序，可直接在线上办理异地就医备案。和其他的小程序一样，操作相对简单，这里我们不做详细说明。

◆ 异地报销金额

一般对于异地就医费用，报销两大类：门诊和住院。其中，对于门诊费用的报销，一般普通的门诊没有起付线，全体参保居民均享受普通门诊待遇。如深圳，在一个医疗保险年度内，普通门诊医疗费用按照60%的比例报销，最高支付限额为400元。

一般参保时间越长，报销比例越大，如深圳，从2007年连续10年参保，那么在三级、二级、一级医院的住院报销比例分别达到70%、80%、90%。因为异地就医涉及了两个地方的医保政策，所以报销规则和比例会存在差别。如张先生母亲在老家购买的是一档社保，现在在深圳就医，如果花费1万元，其中5 000元在老家的医保目录里医保可报，那么异地能报销多少呢？

根据深圳社保相关政策的规定，可报销金额：（10 000−5 000−400）×90%=4 140（元），约占总费用的41.4%。但实际报销金额可能会存在一定的偏差。

还有如护理费、床位费、其他杂费等可能会另算。

◆　不能异地直接结算的情形

　　一般有两种情形，异地就医是不能直接报销的：一是在住院之前，没有完成异地备案，那么就不能使用社保卡直接进行结算；二是在异地就医时，没有选择全国联网的定点机构，这种情形只能自己先行垫付费用，然后回参保地进行报销。

　　我们知道在异地就医是需要办理异地备案的，如果以后回参保地就医需不需要撤销备案呢？很多地方需要先撤销备案，才能在参保地使用，但有些地方则可以两者同时使用，没有限制，具体可以在各地人社系统进行咨询。

　　对于异地就医的报销，除了社保，商业险能不能报销？如果能报，又能报销多少呢？商业险的报销，一般不受异地影响，但是需要根据被保险人是否具有社保来确定报销的比例。如图 1-8 所示。

　　除本主险合同另有约定外，对于一般医疗保险金和特定疾病医疗保险金两项保险责任，我们在确认免赔额已抵扣完毕后，对于属于上述两项保险金赔付责任范围内的医疗费用按照下列比例进行赔付：
　　（1）被保险人以参加基本医疗保险身份投保，并以参加基本医疗保险身份就诊且医疗费经过基本医疗保险结算的，赔付比例为 100%。
　　（2）被保险人在投保时选择以有社保或公费医疗身份投保，但在就诊治疗时未使用基本医疗保险或公费医疗的，则赔付比例为 60%。
　　（3）被保险人以未参加基本医疗保险身份投保，赔付比例为 100%。
　　（4）除本主险合同另有约定外，质子重离子医疗保险金赔付比例为 100%。

图 1-8　异地报销比例

　　如上图所示，商业医疗的报销，在不同的情形下，报销的比例是不同的。一种是以社保投保，并未以社保报销的，那么商业医疗险报销比例为 60%；另一种以社保投保和社保报销，或者非社保投保，商业医疗险都100% 报销。对于报销的金额和报销的费用种类，一般在保险条款中都会进行详细的说明，最后保险公司再根据合同约定进行报销。

此外，对于商业医疗险报销，我们还要注意免赔额，如图 1-9 所示。在如下的两种情形下，一般是不会理赔的。

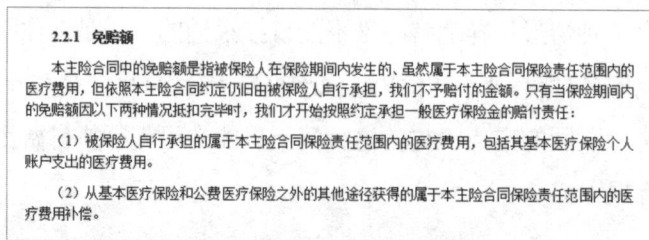

2.2.1 免赔额

本主险合同中的免赔额是指被保险人在保险期间内发生的、虽然属于本主险合同保险责任范围内的医疗费用，但依照本主险合同约定仍旧由被保险人自行承担，我们不予赔付的金额。只有当保险期间内的免赔额因以下两种情况抵扣完毕时，我们才开始按照约定承担一般医疗保险金的赔付责任：

（1）被保险人自行承担的属于本主险合同保险责任范围内的医疗费用，包括其基本医疗保险个人账户支出的医疗费用。

（2）从基本医疗保险和公费医疗保险之外的其他途径获得的属于本主险合同保险责任范围内的医疗费用补偿。

图 1-9　免赔额

如发生的医疗费用为 6 000 元，但是免赔额是 1 万元，那么此次发生的医疗费用，保险公司赔付为 0 元。如果第二次的医疗费用为 8 000 元，那么理赔费用就为"（6 000+8 000−10 000）× 理赔比例"。此时，免赔额已经抵扣完毕，那么在此后的保险期间，就不需要抵扣免赔额。

1.3　投保渠道需清晰

投保的渠道一般可以简单分为网络、电话、银行等，那么网络投保时有没有什么是需要注意的？电话投保有何利弊？银行投保有哪些注意事项？下面我们就来简单聊一聊。

❶ 网络投保六注意

随着互联网的发展，人们购物的方式不断多样化发展，网上销售保险产品也逐渐成为众多保险公司的主要销售渠道，但如果是对于网络投保不熟悉的人群，首次投保需要注意哪些事项呢？

◆　查询平台资质

现在网络投保的平台很多，不仅有保险公司官网，还有一些第三方平台，如京东和淘宝，都有销售一些保险产品。而这些平台上，大大小小的保险商家很多，那么怎么确定你选择的保险公司是靠谱的呢？投保人可以去中国银保监会官网查询相关平台的正规性。因为存在各种互联网陷阱，所以可能出现一些钓鱼网站。这些网络平台可能并没有保险销售资质，如果不小心投了保，可能会给个人带来一定的经济损失。

◆　识别冒名网站

现在很多保险公司都有官网，并且提供保险产品的在线购买。但随着保险产品购买人数的增加，一些非官方但是带着保险公司名字的网站也不断出现，所以投保人购买时一定要注意保险公司网站名称、域名、展示、功能等，识别并远离冒牌网站。

◆　货比三家

对于同一类型的保险产品，如短期意外险，我们可以根据保额、理赔范围、保费等去多家比较，在综合分析后，选择性价比高也最适合自身的产品。但无论选择哪一家保险公司，一般都建议在保险公司的官网购买。

◆　确认投保信息

对于投保信息要仔细确认，包括保单号、险种名称、保险期限、保单生效时间、保险金额、投保人和被保险人姓名及身份证号等关键信息。如果有误，一定要及时和客服进行沟通，否则后期理赔时可能出现困难。同时，对于保险条款要仔细阅读，明确保险责任、保险人和投保人及被保险人的权利与义务、保额理赔大小等。对于存在疑惑的条款，可以在线咨询相关客服人员，一定要搞懂条款以后再购买。

◆ 投保时要如实告知

在网上购买保险时，同样需要填写个人的健康信息，一般都是询问被保险人是否曾经患上承保范围的疾病或者个人的过往病史。对于个人的健康信息，投保人一定要如实告知，否则后期理赔可能出现理赔纠纷。

◆ 后期理赔有保障

在网上投保，人们会更担心后期理赔服务。一般在保险公司官网购买的保险理财产品人利益，后期可以直接联系网络客服处理或者拨打保险公司客服电话。如果是第三方投保，可以联系第三方的客服。当然最好是在购买前，通过网络客服咨询一下后期的理赔流程，保障后期个不受损害。

网上投保获得电子保单，与线下购买的纸质保单一样，同样具有法律效力，且保险公司受到国家保险监督管理机构监督，十分规范。选择正规资质的平台和官网，货比三家，慎重投保；在投保过程中仔细阅读保险条款，核对保单信息，选择一家后期理赔服务较佳的保险公司，在一定程度上，可有效保障个人利益不受损害。

❷ 电话投保利与弊

我们经常会接到保险公司打来的电话，特别是车险的电话，很多人会觉得烦扰或者觉得是骗子，但是电销车险是近几年很热门的一种销售模式，有的投保人还是喜欢这种购买渠道的。那么电话购买保险具体有什么利与弊呢？

电话购买保险的好处主要体现在，办理方便且费用便宜，还不受异地限制。一般电话保险，客户只需要通过电话告知自己的预算、期望值、可接受保费水平等，会有专门的业务员给你制订方案并办理，且在价格上会比线下购买便宜很多，而且电话购买一般不会受到时间和地域的限制，异地购买也很方便快捷。

但是电话购买保险也存在一定的弊端，如理赔复杂、限制范围和陷阱较多。以车险为例，电话车险是车主和保险公司的直接对接，出险后可能不像线下购买一样，有一对一的保险业务员与你对接，车主需要自己找到保险公司理赔对接，如果出现理赔纠纷就很麻烦；其次，电话保险可能会对理赔范围进行限制，如指定驾驶员、驾驶区域、驾驶里程等，在一定程度上限制理赔范围，这对于个人理赔是不利的。

此外，很多电话业务员为了销售产品，可能会通过降低保费的形式来吸引客户，但实际上可能会降低相关险种的额度或让投保人不购买不计免赔，这实际上对于车主是不利的。

如果要选择电话投保，该怎么做呢？以下六点简单建议仅供参考：

◆　主动投保

如果想通过电话投保，一般建议直接拨打保险公司客服电话进行咨询投保，拨打的客服电话应以保险公司官网公布为准。根据银保监会的相关规定，所有保险公司的电话销售号码都需要报备并进行公示。

◆　不过分追求最低价

在货比三家时，不要过分追求最低价，一些最低价的保险产品可能存在一定的陷阱，如售后理赔难或在理赔范围之外。

◆　选择大品牌的保险公司

一般一些大品牌的保险公司，在险种、保险责任、售后理赔等方面相对会更靠谱，所以不要因为价格或者其他因素，轻易选择一些不知名的保险公司或者第三方代理平台。

◆ 确认销售人员的专业度

一般正规的保险公司都会对电话销售人员进行专业的培训，所以在电话沟通中，可以就相关保险产品的专业信息，如险种、保险责任、免赔、保险条款等信息进行详细的咨询。如果对方对于相关专业信息存在模糊点，投保人要小心，慎重购买。

◆ 与保险公司进行信息确认

投保人在购买中或者购买后，保险公司会给投保人发送相关短信进行确认，确认投保人是否具有真实意愿投保。如果具有投保意向，保险公司才承保，所以要注意查收相关信息。

◆ 电话回拨核实

在电话购买保单后，我们可以主动拨打保险公司的客服电话，确认购买的相关保单的详细情况。

在众多的保险理财产品中，车险通过电话投保较多，而其他的理财产品则通过网络投保或者线下投保较多。线下投保除了可以去保险公司门店投保，还可以通过银行投保。那么，银行投保安全吗？银行投保有哪些注意事项呢？

❸ 银行投保四事项

一般个人去银行定存的时候，除了会遇到银行客服推荐相关银行理财产品外，还会遇到推荐购买相关保险的情况。但是保险并不是银行直接推出的理财产品，而是银行代保险公司销售的产品。

银行保险，是银行通过与保险公司进行合作，向客户提供保险产品和服务的创新型保险。

在银行购买保险有哪些优势呢？简单说明如下：

◆ 购买安全便捷

通过银行购买保险理财产品，在核保方面相对简单，客户只要在柜台填写相应的投保单并提供个人账号即可，相对更有保障。

◆ 险种简单

银行提供的保险产品在保险条款方面，相对于在其他渠道购买的保险产品，条款更简单也更好理解，险种的设计不复杂。

虽然通过银行投保具有一定的优势，但是也容易陷入一些常见的购买误区，如下所示，我们要注意。

◆ 销售人员夸大产品收益

销售人员推荐收益更高的理财产品，过分地夸大投连险、分红险、万能险等的收益，以预估的最高收益进行演示，误导投资者。

◆ 销售人员将存款变保险

有些人通过当初销售人员说的高收益，在"存款两年"以后去取钱，却发现不能取出，要去保险公司退保才行，但是会损失一部分本金。所以在购买前，一定要看清楚产品说明书或者保险合同，看清楚购买的产品是存款还是保险。

◆ 销售人员私自销售其他保险

有些银行销售人员可能会通过银行的平台，私自销售一些未与银行达成委托协议的保险产品，因此投保人购买前可以通过银保监会查询银行代理的相关保险产品。

如果我们选择通过银行购买保险，要注意如下六点：

◆ 明确自身需求

一般在银行销售的保险产品中，理财型产品居多，所以投保人需要根据自身实际需求，选择购买。在购买产品前，要对产品的相关信息做详细了解，对于"高收益"的保险产品要慎重购买。

◆ 分清产品种类

理财型保险产品是一个大类，在这个大类别下又分为不同的保险产品，如分红险。不同的产品，产品性质和收益完全不同，但无论是哪一种保险理财产品，它不是银行理财产品也不是银行存款，本质都是保险。

◆ 兼顾保障

银保产品与其他银行理财产品最大的不同在于，它不仅可以投资理财，还兼顾人身或财产的保障需求。

◆ 明确投资风险

与其他的理财产品类似，在购买银保产品时，要仔细阅读产品的风险提示，并且亲自抄写风险提示。

◆ 积极双录

在银行购买一年以上的保险产品，在投保人同意后，一般会对投保的关键过程进行同步录像，从某种程度上来说，这样能很好地保护投保人的合法权利，是以后理赔纠纷时的关键证据。

◆ 处理好保险公司回访

在银行购买保险，本质上还是和银行代理的保险公司进行签约投保，产品的承保及理赔主体是保险公司而非银行。因此，保险公司一般会在投保人购买后通过电话、邮件、短信、微信等进行回访。在回访中，投保人可以与保险公司仔细核对相关投保信息。

无论是网络投保、电话投保还是银行投保，各有各的利弊，具体选择哪一种，应综合分析，但无论选择哪一种方式都需要明确自身需求，选择靠谱的平台及网站、仔细阅读保险条款、核对保单信息及风险，处理好回访、售后理赔等问题。

1.4　投保误区需避免

有了社保还要不要买商业险？先给孩子买保险还是给自己买保险？作为年轻的工薪族有没有必要买保险？保险公司是不是都一样？找熟人买保险靠谱吗？保险理财中，怎么跳过那些"坑"？本节来简单聊一聊。

① "年轻人不需要保险"

作为年轻的工薪族，有社保、积蓄少，可用于理财的资金更少，那么是不是就不需要购买保险了呢？

年轻人认为不需要保险的常见理由如下：

（1）发生意外概率低

有些年轻人会觉得每年花百元购买短期意外险不划算，因为意外不一定发生在自己身上，但实际上意外是不以个人主观意志为转移的。"明天和意外，谁也不知道谁先来。"有备无患。

而且，因为年轻人的加班、出差、应酬等多于中老年人，所以遇到各种意外的概率也许还会更大一点。

（2）有社保就够了

有些年轻人觉得公司已经购买社保，保障已经足够了。但社保医疗中的自费部分是需要商业保险来补充的，因为一些重大疾病中的自费部分都很贵。社保医疗规定了最高支付限额，同时在用药上也有一定的限制，而商业保险中的重大疾病保险一般都是针对特大疾病，确诊即100%给付保险金，能在很大程度上减轻家庭的经济负担。

（3）年轻不着急

很多年轻人觉得自己还年轻，抵抗力强，各种重大疾病都是中老年人的事。但是年轻不等于不生病，现在的年轻人工作压力大、经常熬夜加班、饮食不规律、运动较少，各种不良的生活习惯都可能导致个人抵抗力的下降。

根据资料显示，我国有不少人呈亚健康状态，其中脑力劳动者人群最多。如果年轻的时候不着急，等年老着急的时候，保险可能无法为你提供保障了，因为体检不容易过关，即使过关保费也很贵。

（4）买保险不如投资理财

很多年轻人喜欢冒险投资，即使理财也更看重投资收益率，但保险理财的优势不在于很高的收益率，在于理财的同时还能获得相应的保障。因此保险可以看作理财的地基，无论修建怎样的理财金字塔，地基够稳才行。在众多的保险产品中，总有一款适合年轻人的理财及保险需求。

现在年轻人面临的压力很大，如果突然遭遇意外伤害或者疾病，个人的财务是很难承担的。即使社保医疗能报销一部分，但是有很大一部分还是需要自身承担的，所以作为当代的年轻人，需要在社保的基础上，考虑给自身配置适合的意外险、健康险、寿险。当然如果偏好投资理财的，可以选择一些理财类保险，其中包括对意外、疾病、生存的保障。

❷ "保险公司哪家都一样"

对于我们常见的意外险、健康险、理财险等，很多保险公司都有。那么在保障范围、保额、保费等差不多的情况下，该选择哪一家保险公司呢？是不是所有的保险公司都差不多，没什么区别呢？

就像看财务报表，需要查看重要的财务指标，选择保险公司，我们同样可以从一些指标去考量。

（1）偿付能力

投保人与保险公司签订保险合同，购买相应的保险产品，按照合同约定，投保人需要定期支付相应的保费，保险公司则按照约定履行支付保险金的责任。

保险公司的偿付能力是保险公司偿还债务的能力，在数据上用偿付能力充足率表示。保险监管部门要求保险公司除对其应承担的保险责任要准备足够的金额（准备金）之外，还需要额外准备最低的资金（最低资本），预防因为突发情况导致的准备金不足问题，而保险公司实际准备的金额（实际资本）与最低资本的比例就是偿付能力充足率。

例如，监管部门要求保险公司必须持有的资金为 10 亿元（由当地保险部门估算得出），实际上该公司所持有的资金为 20 亿元，那么偿付能力充足率为 200%。

一般认为偿付能力充足率越高，保险公司的风险就越小。而银保监会明确规定保险公司应当确保其偿付能力充足率不低于 100%。偿付能力是保险公司能否长期稳定发展的关键指标，投保人在投保前需重点查看。

一般来说，如果一家保险公司的综合偿付能力充足率在 150% ～ 250%，是比较稳健的。那么我们该如何去查看保险公司的这个指标呢？

一是可以登录中国保险行业协会的官网，在"信息披露／偿付能力信息披露"页面，我们就可以查询到不同保险公司的不同时期的偿付能力报告；二是可以登录保险公司自己的官网，在信息披露页面找到偿付能力的相关数据。

（2）风险管理能力

保险公司的风险管理能力主要体现在对保险风险、操作风险、战略风险、市场风险、信用风险、声誉风险、流动性风险等进行评估和管理。通常第三方机构和保险监督机构也会对保险公司的风险管理能力进行评定，并将相应的评估结果在官网进行公布。

根据银保监会的规定，保险公司应当在偿付能力季度报告摘要的风险综合评级部分，披露最近两期风险综合评级的结果。所以，我们在查看保险公司的偿付能力充足率时，可以顺便查看保险公司的风险评级。

（3）企业经营能力

很多保险产品都属于中长期的理财产品，所以考虑保险公司的持续经营能力很重要，一般可以从保险公司的保费规模、经营效益、资产质量、负债高低等方面进行综合评价分析。

同时，相应的监管部门也会定期发布各大保险公司的经营评价结果，如 A 类保险公司代表经营业绩优良，D 类代表保险公司经营不良，具体可以在银保监会的官网进行查看。

（4）售后服务能力

保险公司的售后服务能力主要可以从客户的投诉率方面去考查，投诉率是对一个保险公司最直接的评价，就好像网上购物时看差评，一般银保监会会定期公布全国所有保险公司的投诉率的相关数据。

投保人可以从亿元保费投诉量、万张保单投诉量、万人次投诉量等数据去看保险公司的投诉排名。这些数据同样可以通过银保监会的官网进行查看，操作相对简单，这里不做详细说明。

最后，我们还可以通过相关监管机构查看保险公司是否涉及负面报道或行政处罚。若保险公司投诉率较高或者涉及相关行政处罚，在考虑该保险公司时就要慎重。

❸ "找熟人买保险更靠谱"

我们在工作或者生活中，常会有一种"熟人思维"，觉得找熟人办事更靠谱。那么找熟人买保险是否靠谱呢？

案例故事 李先生通过老同学买保险却不靠谱

李先生的一个老同学从事保险业的工作，经常会给李先生推荐一些保险产品。因为以前两人的关系还挺好，推荐次数多了，李先生也不好拒绝，于是就在某个月的月底老同学需要冲刺业绩的时候，购买了一份"人情"保单。

但过了半年，因为一些原因，李先生的老同学离开了保险行业，做起了其他的销售。他告诉李先生，他已经将李先生的保险售后服务交给了同事汤先生，所以不用担心。

但过了 3 个月，汤先生也离职了，李先生现在已经不知道自己的保单售后服务该找谁处理了。

李先生原以为老同学推荐的产品还挺好，并且从熟人那里买保险更靠谱，至少不会被坑，如果以后遇到理赔纠纷，有熟悉的业务员是很方便的，但是他想不到老同学竟然离职了，而他的保单被一转再转。

上例中李先生的想法是好的，但实际上找熟人买保险并不代表能很好地解决理赔纠纷。而且现在"在商言商"，熟人的东西还不好讲价，作为外行人你也并不知道熟人推荐的保险是否真的适合自己。

再者，最终和你签订保险合同的是保险公司，理赔纠纷也是和保险公司产生，即使是找熟人购买，也并不能避免理赔纠纷。理赔纠纷的根源还是在于没有清楚保险责任。如果对保险合同条款不够熟悉，在理赔时会与期望产生落差。

有的投保人甚至在填写投保单时，未能将一些健康问题如实告知，导致最终不能理赔，从而产生纠纷。这个时候即使是在熟人处购买的保险，理赔纠纷也解决不了。

要规避"找熟人买保险更靠谱"这一误区，就需要清楚下列3点。

首先，保险公司的保险销售和售后服务是两条线。售后服务中的理赔流程不会因为购买的渠道不同而有所差别，最终还是需要根据合同理赔。

其次，保险公司的销售人员的离职率比较高，流动性比较大，即使熟人现在从事保险行业的工作，他也不一定长期从事。

然后，保险业务员的专业素质差别较大，相对于其他行业，保险行业的准入门槛比较低。有的保险业务员可能为了完成业绩推荐一些不适合投保人的产品。甚至为了审核通过，在填写投保单时让投保人选择全部符合健康告知，而不如实告知自己的实际健康状况，这样最终可能出现理赔纠纷。

所以，购买的保险是不是最优惠，理赔是不是最便捷，和是不是在熟人处购买并没有太大的关系。我们想要购买保险花费少，后期理赔方便快捷，并不一定要找熟人买保险，而需要对保险产品、常识、渠道、误区等有一定的了解。在购买前仔细阅读保险条款和风险提示再签字。

1.5　投保售后需注意

保险理财产品和其他的理财产品不同，保险产品还需要更多地注意售后服务。为了避免售后理赔纠纷的出现，一些理赔规则和理赔误区我们需要提前了解，下面我们就来简单聊一聊。

1　理赔规则提前看

万事万物都需遵循其基本的运行规则。保险理财除了可以获得理财收益之外，更重要的是做好售后理赔。而售后理赔是需要满足一定的前提条件的，对于理赔的规则，我们需要提前知晓。

售后理赔一般需要按照一定的流程处理，所以我们需要清楚保险公司的理赔流程。

保险公司理赔时会按照报案受理、立案、理赔审核、调查、理赔计算、复核、结案等程序进行，而我们投保人需要及时报案、配合取证、提交理赔资料、等待审核，都通过后才能理赔到账。

（1）及时报案

我们可以通过保险公司官网、App、客服电话、微信公众号等渠道报案。通常保险合同里会对报案的时效进行规定，如果因为未能及时报案导致存在事故不确定性，可能会引起后期的理赔纠纷。

报案人没有限制，可以是投保人、被保险人、受益人中任意一人。一般建议在购买相应保单后，将保单告知作为被保险人或者受益人的家里人。这样即使在投保人不方便处理的情况下，家里人也能及时报案。

报案的时间一般会在保险合同中进行约定。有的会要求相关人员在保险事故发生后的 30 天内进行通知，但有的却并未做出限制，具体还需参考合同条款。如果超过时效报案，个人可能需要支付一定的延迟勘察或检验费用，甚至不能获得保险金的给付。

（2）配合取证

在报案后，保险公司人员还会对现场以及住院情况等进行调查取证。投保人、被保险人、受益人等要积极配合，早日完成取证，实现后期的顺利理赔。

（3）准备理赔资料

在报案后，保险公司会安排专业人员与申请人联系、协商理赔，告知理赔的流程及理赔所需资料。如果是在线申请理赔，就需要向客服咨询清楚要提供哪些理赔资料，然后依次上传。

另外，受益人需要填写理赔申请书。如果受益人和投保人、被保险人不是同一人，受益人还需要提供与被保险人的关系证明。其他的资料根据不同的险种，有一定的区别。理赔资料一般也会在保险条款中说明，按照要求准备即可。

（4）等待审核

不同的理赔事件其审核的时间不同，如小型事件，保险公司通常会在 3 个工作日内给予回复；普通事件是 7 个工作日内给予回复，最长不会超过一个月。但不同的保险公司可能存在一定的时间差异。

（5）理赔到账

如果保险公司接受理赔，理赔款会在 1 ~ 3 个工作日到账，同时会发送相应的通知信息。此时申请人需要注意自己的手机信息或者去查看自己的银行卡余额，确认理赔款是否到账。

一般只要保险事故在保险责任的赔付范围内，且投保人投保时做了如实告知、出险事实清楚、理赔申请材料齐全，保险公司的理赔就很简单。

❷ 理赔误区不能进

只要我们不踏入理赔误区，就会发现理赔并没有想象的那么难，下面我们来看看常见的理赔误区。

◆ "买了保险，保险公司就要理赔"

保险合同中都有免责条款，简单说就是在哪些情况下，被保险人发生了约定的保险事故，保险公司是不用承担责任的。如未如实告知、酒驾、自残、战争等情况，保险公司有权拒赔，具体应视不同的险种及不同保险公司的合同条款而定。

◆ "买一份保险保所有"

不同的保险产品，保障的范围是不同的，如意外险和健康险，保障的范围是不同的；即使是同一种保险，如健康险，有的保障 6 种重大疾病，有的保障 40 种。对于不在保障范围内的重大疾病，保险公司也会拒赔。所以购买一份保险就能保障所有的意外或者疾病是不可能的。

◆ "保险公司将全额报销"

每份保险都会有赔付的最高限额，有的保险还会根据社保或者其他第三方的报销赔付，只承担一部分的报销比例。具体规定保险公司都会在保险条款中进行详细列示，投保人应仔细阅读。

除上述误区外，一些保险业务员错误行为也会给后期的理赔带来一定的理赔困难。如保险业务员虚报保障内容，夸大保险理赔，引导投保人不如实告知，导致理赔申请人最后申请的理赔金额与期望相比过低，甚至直接被保险公司拒赔。

因为理赔误区或者其他一些因素，可能导致申请人与保险公司后期出现理赔纠纷。那么出现理赔纠纷后，申请人该怎么办呢？

发生理赔纠纷之后，申请人可以通过协商、仲裁、投诉、诉讼等多种方式来解决。简单说明如下。

（1）协商

保险公司不会无理由拒赔，一旦发生理赔纠纷，投保人首先是向保险公司了解拒赔的理由，明确拒赔的责任在哪一方。如果是保险公司的责任可以与保险公司进行协商；如果是己方的责任，要明确是否是事实，是否存在误区。双方可协商一致，消除纠纷。

（2）仲裁

保险行业也是存在仲裁委员会的。保险纠纷可以向申请劳动仲裁一样，申请保险仲裁。保险仲裁程序相对简单，很多纠纷当天就能解决，仲裁裁决一裁终局。

（3）投诉

投诉是向银保监会投诉，如投诉维权热线"12378"，一般银保监会接到投诉电话，会责成保险公司进行处理与反馈。

（4）诉讼

诉讼就是依法向法院提出诉讼，法院依法进行裁决的一种方式。保险纠纷出现后，双方无法协商，可以考虑通过法律途径维护自身权利。相对其他方式，这种方式处理时间较长，费用也会更多一点。

（5）通融赔付

通融赔付是保险公司根据保险合同约定，本来不应承担赔付责任，却仍然全部或部分赔付保险金的行为。投保人申请通融赔付需要一定的程序以及专业人员处理，并不一定都能申请成功。

为了避免出现理赔纠纷，最根本的还是从自我做起，如选择一家好的保险公司、明确保险责任及除外责任、如实告知自身健康状况、读懂保险条款、走出理赔误区、遵守理赔规则等，这样一般都不会被拒赔或者出现理赔纠纷。

❸ 忘记交保费怎么办

保险交费就好像基金定存，需要按时按量投入（交纳保费）。如果没有及时交纳保费，保单会马上失效吗？

首先，看保单是否能自动垫付，简单说就是用保单的现金价值抵扣保费，保单的保障继续有效，即使出现保险事故，也可以正常理赔。但如果保单的现金价值不足以抵扣保费，可能会导致保单交费停止，保单无效。在忘记交纳保费后，要注意以下几个时间段。

◆ 宽限期

中长期的保险产品，都有一个交费的宽限期。首次交纳保险费后，每个保费到期日起 60 天为宽限期。在此期间如果补交保费，保险合同继续有效，逾期的保费也没有利息。

◆ 中止期

如果超过宽限期，保费仍未补交，保单暂时失效，保险合同进入中止期，如有保险事故，保险公司会拒赔。如果此后要使合同继续有效，不仅要补交保费，还要交纳相应的利息，此时保险公司还要重新核保，如果被保险人体检不过，保险公司可能拒绝复效合同。

◆ 终止期

如果已经两年未交保费，投保人也未申请保单复效，保险合同进入终止期。此时保单就再也不能申请复效了，只能选择退保，且退保只会退还保单的现金价值，并非所有交纳的保费。所以对于投保人来说，超过期限还未补交保费的可能是会有一定的损失的。

一般建议在购买保险时，最好选择保费自动垫交，可以避免在投保人因意外情况无法按时交纳保费时，出现保单失效，被保险人失去保障的情况。

如果因为长期未交纳保费，也无现金抵扣保费或者其他因素，导致中途退保，本金会有多大损失呢？

一般在犹豫期内退保，保险公司会全额退还保费，有的保险公司可能会收取一定的工本费。

如果在犹豫期后退保，保险公司只会退回保险合同的现金价值，而非交纳的所有保费。一般交费在两年以内的保险合同，现金价值都很少。

如果不想中途退保或想将退保损失降到最低，一般建议采用申请保单贷款、减额交纳保费、巧用犹豫期或宽限期、自动垫交保费等方式。

理财贴士 犹豫期

犹豫期一般是指投保人投保后，在收到保险合同后，如果对保险合同不接受，可以将合同退还给保险人并申请保险合同撤销的期间。一般为 10 天以内。此时，保险人会同意投保人的申请，并退还投保人交纳的所有保费。这里的 10 天就是我们常说的保险合同的犹豫期。而通过银行购买的保险，犹豫期的时间为 15 天。

第 2 章

家庭资产不缩水
财险车险两相随

保险理财不仅能实现基本保障及理财收益，更重要的是，在家庭理财过程中，能在一定程度上保障家庭的资产不缩水。

如何守住家庭资产，财产险配置有门道；如何减少家庭开支，车险投保有技巧。

2.1 财险配置，全面核保

家庭财产险作为保险的一种，具体种类有哪些？保费怎么算？哪些财产不可保？怎么配置最划算？注意事项有哪些……

在配置家庭财产险时，这些都是我们需要考虑的基本问题，首先我们从常规财险说起。

❶ 常规财险要明确

家庭财产保险又称为家财险，是保险人对被保险人自有、使用、保管的财产进行承保的一种保险。保险人根据保险合同约定在保险事故发生后，向被保险人的家庭财产损失提供经济补偿。

目前主要有 3 类家财险，分别为房屋保险、室内财产保险、家庭或个人责任保险。从理财分类上可以简单分为消费型、储蓄型、组合型。

◆ 消费型

消费型保险类似于消费品，保费比较低。在保险期满后，如果家庭财产未出险，那么所交纳的保费是不退还的，如一年期的家庭财产保险。

◆ 储蓄型

储蓄型财产险兼顾储蓄和保障的双重功能，无论在保险期间是否发生了家庭财产损失赔付，根据合同约定，保险公司都会在保险期满时，按照一定的利率退还本金和利息。

◆　组合型

组合型保险是财产保险和人身保险的组合，在保障范围上，不仅保障家庭财产，还兼顾人身保障。

但在我们的实际生活中，一般消费型和储蓄型的保险配置较多。其中消费型也是我们常说的普通家庭财产保险，一般保险期限为一年，在一年期间内，没有特殊原因，中途不能退保，保险一年到期，保费不退还。

詹先生去年购买的家庭财产险即将到期，今年他想换一家保障相对更全面的保险公司。在多家对比后，他选择了 A 保险公司的财产险，保障期限同样为一年，保障项目和保额详情如表 2-1 所示。

表 2-1　保障计划

保障项目	保障金额
房屋主体	20 万 ~ 2 000 万元
房屋装修	5 万 ~ 200 万元
室内财产	2 万 ~ 100 万元
室内盗抢保障	2 万 ~ 20 万元
水暖管爆裂损失	1 万 ~ 20 万元
家用电器用电安全	1 万 ~ 20 万元
居家责任	1 万 ~ 30 万元
雇主财产损失	1 万 ~ 20 万元
家养宠物责任	0.2 万 ~ 1 万元

如上例所示的家庭财产险中，保障范围是很广的，不仅包括房屋主体、装修、室内财产、盗抢险等，甚至还包括了水管爆裂、家用电器损失、居家损失、家养宠物损失等，保额根据保费不同而不同。

与上述消费型的保险不同的是，家庭财产储蓄险不仅具有基本保障的特点，还有到期还本付息的特点，它与普通家庭财产保险最大不同在于保额的确定上。

家庭财产储蓄险一般是按购买的份额确定保额，而不是根据保费及保障范围确定。投保人在签订保险合同时，一次性交纳保险金，而保险金的利息作为保险费，保险期限一般为 3 年或 5 年。在保险期间如果发生合同约定的保险事故，保险人在保额范围内根据实际损失赔付，但如果在该年度累计赔付金额已经达到保额，当年的保险责任即行终止，下个保险年度开始时自动恢复原保险责任。保险期满时，保险期间无论是否发生赔付，保险公司都将一次性退还全部保费。

其中，保险金是根据家庭财产综合保险对应的费率和承保当时的银行利率来确定的，其计算公式为：保险储金 =1 000× 保险费率 ÷A 年期的年利率，计算结果取整。

两类常见的家庭财产险各有优劣，具体选择哪一种，需综合考虑，适合的才是最好的。

❷ 哪些财产不可保

我们可以选择不同的保险公司，保险公司同样可以选择不同的承保人群以及承保的标的。对于家庭财产险来说，并不是所有的家庭财产，保险公司都会承保。对于有些家庭财产，保险公司是拒绝承保的。

首先，我们来看一看，家庭财产险都对于哪些财产进行承保。对于承保的财产，一般可以分为基本保障财产和特殊保障财产。

（1）基本保障财产

基本保障财产主要包括自有居住房屋、室内装修、装饰及附属设施、室内家庭财产等。不同的家庭，房屋、室内财产、室内装修等的实际价值不同，保额、保费也不相同。

（2）特殊保障财产

家庭财产险的特殊保障财产主要包括如下几类。

①农村院落存放在室内的工具或者农产品。

②个体劳动者存放在室内的营业工具、材料、商品等。

③家庭代为保管的他人的财产或者合伙的财产。

④与保险人特别约定投保的财产。

除了如上的基本保障财产和特殊保障财产外，保险人一般会将家庭的如下财产作为不可承保的资产。

①无法固定价值的财产，如金银、珠宝、首饰、古玩等。

②无具体货币形态的资产，如文件、账册、技术资料等。

③处于危险状态的资产，如违章建筑或危险房屋。

④其他财产保险承保的资产，如汽车等。

⑤无法鉴定价值的财产，如花鸟鱼虫、烟酒、药品等。

⑥其他约定不可承保的财产。

不同的家庭，财产种类及金额大小是不同的，因此需要投保的财产也不同。在投保前，投保人先明确自身的需求，如家庭的哪些资产需要投保。是房屋还是室内装修，还是家庭设施，家庭的室内财产，哪些要投保。如果是租房，为了减少损失，投保哪些财产是必要的？

选择一家相对优良的保险公司，先咨询线上客服人员，将自身的需求与该保险公司的财产险险种进行匹配，从而确定哪些财产有必要投保。

❸ 保额及费用简核算

不同的家庭财产险，险种不同，保险费率也不同。

①普通家庭财产险，一般费率为1‰，如家庭财产 5 000 元，需要交纳保费 5 元。如果附加盗抢险，费率可提高为 2‰，具体以保险公司公布的费率为主。

②家庭财产两全保险费率按年计算，比如一年的费率为 3.3‰，3 年的费率为 3‰，5 年的费率为 2.8‰。

不同的保险公司根据险种、保险期限、保障范围等的不同，在保费的计算上存在细微的差别。即使选择同一家保险公司，财产险的险种和保障范围都相同，保费也可能是不一样的，如图 2-1 所示。

保障类型	保障范围	自定义报价 自主选择 0.46元/天 起	经济型套餐 高性价比 0.32元/天	豪华型套餐 全面保障 1.17元/天
基本保障 承保范围 ❓	房屋主体、房屋主体损失保障	100万元 ˅	50万	500万
	房屋装修	10万元 ˅	5万	20万
	室内财产	10万元 ˅	5万	20万
附加保障 承保范围 ❓	室内盗抢保障	2万元 ˅	2万	10万
	水暖管爆裂损失	2万元 ˅	1万	10万
	家用电器用电安全	不投保 ˅	不投保	10万
	居家责任	不投保 ˅	不投保	10万
	雇主财产损失	不投保 ˅	不投保	不投保
	家养宠物责任	不投保 ˅	不投保	不投保
		原价：208.12元 优惠：41.62元	原价：146.56元 优惠：29.31元	原价：531.6元 优惠：106.32元

图 2-1　价格对比

如上图所示，因为家庭选择的承保的范围以及保额大小的不同，最终需要支付的保费也是不同的。

而对于保险的费率，一般在保险合同条款中也不会列明，只会列明如图 2-1 所示的保障范围、保额、汇总价格。因此我们在选择险种时，先明确自身需求，然后从保额以及保障范围出发，选择相对适合的产品。

虽然财产险的费率我们无法确定，但是我们能确定保额的大小。家庭财产险的保额该如何确定才最适合家庭呢？

财产险的保额是根据可投保家庭财产的实际价值来确定并将其作为赔偿上限的。如果高估了家庭的财产，当发生保险事故后，保险公司的赔偿也不会超过实际价值，但我们却需要多交高估的价值所增加的保费；如果低估了家庭的财产，那我们的家庭财产又不能得到很好的保障。所以合理地预估家庭财产的价值，使保额尽可能地接近所投保的财产的实际价值是关键。

一般我们从以下三个方面去确定家庭财产的保额大小：

①家庭财产分享承保与理赔，如图 2-1 所示，不同的财产，保额不同，当保险事故发生后，不同的财产根据不同的保额来理赔。

②保额根据家庭的实际价值确定。如价值 100 万元的房屋，保额为 500 万元就没有必要。实际理赔时，保险公司也只会根据 100 万元理赔而非 500 万元，但投保人却白白多交了 400 万元保障所对应的保费。

③一些与保险公司约定承保，但是价值却非固定的财产，要根据实际情况估值，如根据财产的质量、品种、新旧等确定相应的保额。

一般投保家庭财产险，家庭财产的实际情况都是投保人自己确定，保险人很少会去实际核定，但是理赔时会按照实际价值理赔。

④ 财险配置注意事项

在配置财产险时，我们要注意保险的保额、险种、条款和凭证等事项。

◆ 保额适当

在配置财产险中的房屋、室内装修、室内财产等的保额时，一定要参考其现实价值，不要过高或者过低估值投保，并且每项财产要分项投保和理赔。

◆ 购买第三者责任险

在配置财产险时，一般建议要配置第三者责任险，保障因自家的房体、装修、管道、煤气等意外给邻居带来的损失。

◆ 不要重复投保

对于同一财产，即使购买了多份保险，但是在理赔时，理赔金额也不会超过其本身的价值，只会多家保险公司分担保额，所以不要重复投保。

◆ 读懂保险条款

对于财产险的保险条款，一定要看清楚免责条款，不同的保险公司可能存在细微的差别。通过读懂免责条款，避免以后出现理赔纠纷，同时更好地保障家庭财产。

◆ 保存财产价值凭证

一般如果家庭财产没有可靠的价值凭证，如购买的单据，理赔时保险公司只会对损失进行估值或者根据第三方评估损失，所以保存好财产价值凭证很重要，它是理赔的基础。

◆ 仔细核对投保单

在交纳保费后，一般建议索取纸质或者电子发票，同时在投保成功后，在保险单的正本上仔细核对相关内容，如投保险种、保额、被保险人等，如果发现相关信息错误，一定要及时联络保险公司进行改正。

◆　投保后保护好家庭财产

根据保险法的规定，被保险人应遵守国家有关消防、安全、生产操作、劳动保护等方面的规定，维护保险标的的安全。因此，在投保后，投保人对于自身的家庭财产安全有一定的责任与义务。

◆　按时交费

保险合同签订以后，保险人按照合同约定承担保险责任，投保人按照约定交纳保险费。如果不按时交纳保费，可能导致合同效力中止，家庭财产失去保障。如果因意外导致无法按时交纳保费，要注意保费交纳的宽限期。

◆　保险标的发生变化要及时告知

如果在保险期间，保险标的的危险度增加，投保人要及时告知保险公司，便于保险公司及时更改相关信息，否则将来因为保险标的危险程度增加而导致的损失，保险公司会拒绝理赔。

◆　可协商变更保单

在保险合同期间，投保人对于财产的保险期限、财产用途、保额、险种等内容，是可以和保险公司协商更改的。双方协商一致后，对原有合同进行变更或补充。

由上可知，无论是购买前还是购买后，配置财产险的注意事项有很多。在签字投保付款前，三思而后行，投保后细心维护也少不了。

理财贴士　保险标的

保险标的也称"保险对象""保险项目"和"保险保障的对象"，是根据保险合同双方当事人的要求确定的，在财产保险中是投保人的家庭财产或者与财产相关的利益；在人身保险中是人的生命、疾病、性别、年龄、职业等；在责任保险中是被保险人在法律上应负担的民事损害赔偿责任。

⑤ 财产险怎么配置最划算

无论是选择哪种财产险，都建议投保人组合配置保险，下面以李先生购买的财产险为例介绍保险的组合配置。

案例故事 李先生的财险配置

李先生在国庆的时候，在家乡的二线城市买了一套小蜗居。快年底了，在朋友聚会中，有朋友提及财产险该续保了。李先生想了想，也打算给自己的房屋及家里财产买一份保险。最终在多家对比后，他选择了 B 公司的财产险，保障期限为一年，一次性交纳保费 202.05 元，享有的保障如表 2-2 所示。

表 2-2　保障计划

保障项目	保障金额（万元）
房屋主体	50
房屋装修	5
室内财产	2
室内盗抢保障	2
水暖管爆裂损失	1
家用电器用电安全	1
居家责任	30
雇主财产损失	0
家养宠物责任	1

从李先生购买的财险保障范围及保额来看，主要是从房屋主体、装修、室内财产和家用电器等方面来考虑。此外还选择了因为居家或者家养宠物而导致的第三者责任损失保险，并且居家责任配置的保额还很高。相对来说，配置相对全面，而且年交保费也较低。

李先生配置的家庭财产险属于消费型的财产险，也是组合式的财产险。前 3 项是基本保障，后面的项目是附加保障。该财险每年购买，每年续保，各项财产分项投保和理赔，该类配置也是最常用的一种配置。

当然，如果是一家人在一起，夫妻或者父母购买财产险，并不需要重复投保，一般一人投保就可保障全家，下面以汤先生的财险配置为例进行介绍。

案例故事 **汤先生的财险配置**

汤先生最近在续交健康险时，保险业务员给他推荐了一款全家共享的财产险，保费不高，保障项目相对全面，最重要的是全家共享。该险种保费为 365 元，保障期限为一年，保障详情如表 2-3 所示。

表 2-3　保障计划

保障项目	保障金额
房屋损失保障	全家共享 25 万元
房屋装修保障	全家共享 5 万元
室内财产保障	全家共享 5 万元
银行卡盗刷	全家共享 5 万元
意外伤害身故 / 伤残	8 万元（1 个主被保险人）
	2 万元（其余被保险人）
意外医疗	2.5 万元（1 个主被保险人）
	0.25 万元（其余被保险人）

汤先生的财产险主要包括财产险的基本内容，如房屋损失、室内装修和室内财产等，全家共享相关保额；同时还附加了银行卡盗刷、意外身故、伤残和医疗等的保障，总体金额相对不高，但是对家庭财产还是能提供很好的保障。

汤先生与李先生配置的财产险，在保障范围和保额方面存在很大的差别。相对来说，李先生的财产保障范围更广，但汤先生的保障不仅包括财产还包括人身，而且全家共享保障，两类财产险各有优劣。

⑥ 租房损失赔多少

作为工薪族，大部分人都有租房或者出租房屋的经历。那么有没有一份财产险可以将租房的损失降到最小呢？以唐先生的财产险配置为例进行详解。

案例故事 唐先生的财险配置

唐先生大学毕业后一直在一家公司做销售。因为工作经常出差，平时也住公司宿舍较多，于是他打算将购买的一套小二居出租，还可以用租金收入还每月房贷。他将出租信息发在朋友圈，有朋友提醒他，在出租前可以先买一份财产险，不仅保障房屋还保障各种意外损失。经过多家比较后，最终他选择了C公司的财产险，但是他还在犹豫选择哪一种套餐。

该保险的保险期限为一年，不同的保额，保费不同，保障内容如表2-4所示。

表2-4　保障计划

保障项目	套餐 A 保额	套餐 B 保额	套餐 C 保额
房屋主体	30 万元	100 万元	300 万元
房屋装修	5 万元	20 万元	50 万元
室内财产	3 万元	10 万元	20 万元
附加出租人责任	10 万元	20 万元	50 万元
附加租金损失	1 万元	3 万元	10 万元
附加出租屋声誉受损津贴	0.5 万元	1 万元	3 万元
附加水暖管爆裂损失险	–	1 万元	3 万元
保费	70 元	210 元	350 元

　　无论唐先生选择哪一种套餐，主险都是房屋主体、房屋装修、房屋室
内财产等。不同的房屋价值以及装修价格，保额配置不同，唐先生应该按
照它们的实际价值投保，以免多增加保费。

　　在附加险种上，主要对于出租人责任、租金损失、水暖管爆裂等提供
保障，根据出租的房屋以及责任大小、租金多少、承租人情况等，综合分析，
配置不同的保额。出租房屋会带来收入，同时也会存在一定的风险，而通
过对风险的保险配置，可以更好地守住家庭的财富。

　　当然，在配置险种时，要注意对于保险条款的解读。如果自己无
法看懂，可以看保险人对于保险条款的说明。图 2-2 所示为唐先生打
算购买的财产险的配置。该险种对于主险和附加险都进行了一定说明。

保障计划	保障详情解读		单位：人
保障类型	保障范围	保障解读	
家庭财产保险	房屋主体	承保由于火灾、爆炸、空中运行物体坠落、外界物体倒塌、台风、暴风、暴雨、龙卷风、雷击、洪水、冰雹、崖崩、冰凌、突发性滑坡、泥石流和自然灾害引起地陷或下沉造成的房屋损失。房屋指房屋主体结构，以及交付使用时已存在的室内附属设备。（备注：本保险所称的房屋为被保险人拥有的钢筋混凝土或砖混结构的住宅。）	
	房屋装修	承保由于火灾、爆炸、空中运行物体坠落、外界物体倒塌、台风、暴风、暴雨、龙卷风、雷击、洪水、冰雹、崖崩、冰凌、突发性滑坡、泥石流和自然灾害引起地陷或下对房屋造成的装修损失。包括房屋装修配套的室内设备。	
	室内财产	承保由于火灾、爆炸、空中运行物体坠落、外界物体倒塌、台风、暴风、暴雨、龙卷风、雷击、洪水、冰雹、崖崩、冰凌、突发性滑坡、泥石流和自然灾害引起地陷或下对室内财产造成的损失。包括便携式家用电器等，不包括金银、首饰、珠宝、有价证券以及其他无法鉴定价值的财产。（室内财产额为家用电器、家具、服装、箱包、床上用品保额之和。）	
	附加出租人责任	承保在保险单载明的被保险房屋内（包括房屋专属庭院、天台）因发生意外事故导致承租人及其同住家庭成员伤亡，依法应由出租人承担经济赔偿责任，以及前述保险事故发生后被保险人因保险事故而被提起仲裁或者诉讼应由被保险人支付的法律费用由保险公司赔偿。	

图 2-2　保险保障解读

　　如上图所示，该财险的主险是保险公司承保因各种意外事故导致的房
屋主体、房屋装修、室内财产等的损失；而附加险中是出租人责任保险，
载明了被保险房屋内因发生意外事故导致承租人及其同住家庭成员人身伤
亡，依法应由出租人承担的经济赔偿责任及相关费用由保险公司赔偿。

2.2 车险投保，量身定制

车作为家庭财产的一部分，每年我们都要给自己的爱车买保险。在哪家保险公司买更好？要不要买全险？保额配多少？出险怎么理赔？理赔赔多少？车险新规有哪些……

在配置车险时，这些问题我们都需要理一理。

❶ 全险投保，看保额

车险简单来说可以分为两大部分：交强险和商业险。交强险是国家强制保险，全国实行统一的条款和费率，国家规定只要车辆行驶上路，必须投保交强险；而商业车险投保，国家没有强制规定，投保人可以自由选择。

我们说的全险主要包括交强险、车损险、第三者责任险、车上人员责任险、盗抢险、玻璃单独破碎险、车身划痕损失险、自燃险、不计免赔险、发动机涉水险、指定修理厂险等。

全险中除了交强险外，其他险种投保人都可以选择性投保。其中车损险、第三者责任险、车上人员责任险、盗抢险一般是主险，其他险种都是附加险种。无论车辆价格、类型、使用程度等有何区别，一般建议主险都要配置，附加险可选定几项，且根据不同的车型、使用程度、价格等在不同险种的保额上进行合理配置。

◆ 交强险

交强险是由保险公司对被保险机动车发生交通事故造成受害人的人身伤亡、财产损失，在责任限额内予以赔偿的强制性责任险。如交通意外中，当被保险人要承担责任时，赔付对方财产损失限额 2 000 元，死亡伤残赔偿限额为 18 万元。

交强险是累计赔付，多次出险的理赔金额要限额，超过就需要自费。而一般交通事故中，如果被保险人需要承担责任，一般医药费可能都超过 2 000 元，所以还需要配置商业险的其他险种，来保障车辆、个人、第三者赔付等。

交强险的保费和保额配置没什么选择技巧，都是统一费率，但根据每年出险、脱保、过户等情况，保费会有所变化。一般出险越少，保费相对越低。

◆　车损险

车损险简单来说，就是保险公司对于被保险人在驾驶保险车辆时，发生保险事故后给保险车辆带来的损失，保险公司在合同约定的范围内承担赔偿责任。车损险是针对车辆损失的保险，该险种投保率很高，保费根据保额、车型、车价等配置。

◆　第三者责任险

第三者责任险是保险公司对于保险车辆在发生保险事故后，对遭受损失的第三方的赔付，即不包括投保人、被保险人、受益人的第三方。

第三者责任险的保费不高，如 1 000 元保费，保额为 30 万元，一般建议额度在 20 万元以上更好，否则保障作用不大，通常 50 万元到 100 万元。该险种也是一个投保率很高的险种，与车损险一样，理赔率很高。

◆　车上人员责任险

车上人员责任险指对本车人员的损失，按照约定进行赔偿，一般是司机与 4 名乘客。保费也不高，如保费 25 元，保额 1 万元。不同的保险公司，保费和保额会有所差别，一般建议将保额配置在 10 万元以上最好。

车上人员责任险险种作为主险之一，投保率和理赔率同样很高，在配置险种时一定要考虑在内。

◆ 盗抢险

盗抢险就是全车被盗以后,保险公司将对被保险车辆进行理赔,一般新车最常购买,保费和保额主要根据车型、车价、新旧等来计算。

◆ 玻璃单独破碎险

车辆玻璃单独破碎险,指保险公司承保车辆本身发生的单独的玻璃破碎损失的一种险种。如只有挡风玻璃或者车窗玻璃出现破碎时,保险公司才赔付。如果车镜玻璃出现损失,需要用车损险来赔付。

◆ 车身划痕损失险

车身划痕损失险同样作为车损险的补充,能够为车身划痕损失提供保障,一般是车身漆面的划痕。如果交通事故中碰撞很严重,划痕太大,可能需要车损险来理赔。具体还要看保险合同的条款中的责任划分。

◆ 自燃险

自燃险是针对车辆自燃损失的保险,对于容易自燃的老车、常年运货、温度过高的车辆适合投保该险种。

◆ 不计免赔险

在保险事故中,保险公司不会赔付全部损失,它存在一定的免赔率。简单来说,如果损失 1 万元,免赔率为 15%,那么保险公司只会赔付 8 500 元,剩余的损失需要投保人自行承担。

购买不计免赔险以后,如果损失为 1 万元,保险公司就会赔付 1 万元,不会计提免赔额。不计免赔一般是针对具体的险种,并不是所有的险种都能购买不计免赔险。不同的保险公司,规定也会有所不同。

◆ 发动机涉水险

发动机涉水险通常和车损险配合使用,当车辆损失以后,车辆其他部位可以用车损险赔付，发动机用涉水险赔付。如果车辆被水淹以后，发动机损坏，保险公司将会赔付。但是如果被水淹没以后，车主强行启动发动机造成损害，保险公司会拒绝理赔。

◆　指定修理厂险

指定修理厂险主要是对于车辆修理厂的指定的险种。在出险后，车辆需要在指定的修理厂进行维修，如果购买了该保险，一般保险公司在定损时，价格会相对高一点。

在配置车险时，除了交强险，建议首先配置第三者责任险，保额参考所在地的赔偿标准，如深圳，最高赔偿可达到 150 万元。其次配置足够的车上人员险，也称为座位险，根据乘客的乘坐概率来确定相应的保额。一般建议司机的保额配置在 10 万元以上比较好，而乘客的保额配置在 1 万元比较经济。

然后配置足够的车损险，在配置该险种时，可以将玻璃单独破碎险、车身划痕损失险等考虑在内。最后配置不计免赔险，可以将保险事故后需要自身赔付的费用降到最低，得到保险公司最大的赔付。

投保人需要根据车型、车价、使用程度等对车险进行合理配置，并不需要购买所有的险种。建议在购买前，可以选择不同的保险公司进行比价，保险公司将根据你的车辆信息给出一个车险购买方案。然后在价格相差不大的情况下，选择险种更多、保额更高、理赔售后更好的保险公司。

❷ 保险流程，看理赔

作为车险来说，除了投保前险种的选定很重要，投保后售后理赔也很重要。随着车辆走进千家万户，交通事故增加，车险理赔也增多。理赔难不难，如何快捷实现车险理赔，关键看流程怎么走。

不同的保险公司在车险理赔程序上会有一定的差异，但是理赔流程大致相同：首先，保护事故现场，迅速报案；其次，定损；再次，索赔；最后，领取保险金。

◆ 通知出险

无论是单方事故还是双方事故甚至是多方事故的索赔程序，第一时间都是进行出险通知，同时采取合理且必要的措施，将损失降到最小。大多数保险公司都要求被保险人在保险事故发生后的 48 小时内进行事故通知。

◆ 协助查勘

在发生保险事故后，保险公司会要求相关人员到现场查勘，被保险人应当积极地配合保险人员的工作。

◆ 定损

在保险事故中，被保险人发生损失，如车辆需要维修，维修前需要配合保险人员进行检验，并协商确定相应的项目、地点、费用等，否则保险公司可能会重新核定损失或者拒绝理赔。

◆ 领取保险金

当被保险人向保险公司索赔时，需要提供相关的证明资料，如保单、损失清单、费用凭证、车辆行驶证、驾驶证、交通事故认定书等，保险公司审核无误后，根据事故大小确定赔偿金额和时间。小事故的赔偿金一般会在 3 ~ 5 个工作日到账；大事故赔偿金的到账时间一般在车辆定损后 15 日内，最长不会超过一个月。

根据相关规定，保险公司在收到被保险人提供的相关索赔资料后，需要在 30 天内做出核定。当然，如果理赔期间遇到法定节假日，保险金的到账时间可能会顺延。所以，在发生保险事故后，要及时联系保险公司进行报案，便于保险公司及时定损及理赔。

在日常的生活中，车险理赔以一些轻微的小事故居多。在小事故中，如何快速理赔，几点小建议仅供参考。

①开启双闪警示灯并设置危险警示牌。

②将事故现场进行拍照取证，拍摄时注意交通安全，避免二次事故。

③检查车辆手续及相关证件，主要是对方的相关证件，若无，应及时报警。

④把车辆移到不阻碍交通的地方。

⑤双方可以根据具体责任的划分来商量赔偿方案，如要报保险，及时告知保险公司。

如果双方对于责任划分没有异议，全责一方需要通知自己投保的保险公司，告知事故的时间、地点、车损、对方车辆车型和车损等信息。无责任的一方无须通知自己的保险公司，只需要留下相关联系方式。如果双方就赔偿方案无法达成一致，可报警处理。

一般只有在下列情形下，事故双方才能快速地自行协商理赔。

①没有人员伤亡且财产损失不超过 2 000 元。

②事故当事人对事故责任无争议。

③事故车辆可以启动。

④事故当事人都有为车辆投保。

⑤事故当事人都愿意到同一地点定损。

⑥其他。

如下情形需要警察到场，才能进行处理。

①事故一方无牌照，无交强险，无证驾驶。

②事故一方未年检。

③事故一方逃逸。

④事故一方毁坏公共设施。

⑤事故一方酒驾。

⑥事故当中有人员伤亡。

⑦其他。

在事故现场拍照留证时，一定要注意拍摄重点。一是车辆全景照，包括本车及事故车辆的车头和车尾以及路面情况。为了使责任划分更明确，最好将路面指示线拍摄在内。

二是拍摄事故现场中心照，主要包括车身左右两侧以及两车在道路上的相对位置的照片。在拍摄事故现场照时，对于两车碰撞的深度、划痕长度、刹车痕迹、散落物的相对位置等，要拍得清晰明了，便于对事故进行认定，避免引起理赔纠纷。

无论是否能实现快速理赔，一定要遵守交通规则，安全至上。

3 十项不赔，要明确

新车主一般会很爱惜车辆，配置的险种也很多，尤其是车辆的价值较高的情况下，但是如果一年不出险，购买的险种几乎用不着。

对于老车主来说，可能在投保上更有经验，一些不必要的险种不会配置，但是因为一年下来未出险或者出险较少，也会感觉一年的保险白买了。然而比起多花钱或者理赔少的车主们，更心塞的是，有的车主明明配置了保险，但是出险后保险公司却拒绝理赔。

那么，在哪些情形下保险公司会拒绝理赔呢？

◆　酒后驾驶

只要认定保险事故为被保险人酒后驾驶导致，保险公司不会承担相应的赔偿责任。

◆　无证驾驶

除了驾驶人员没有驾照驾驶事故车辆外，根据相关规定，驾驶证过期也被视为无证驾驶。无证驾驶机动车的，处 200 元以上 2 000 元以下罚款，可以并处 15 日以下拘留。

此外，保险公司只会对合格的车辆按照保险进行理赔，所以投保人的车辆要定期年检。

◆　操作不当

简单来说，车主明知如此操作可能引发事故还强行操作，如暴雨天外出，发动机进水后强行点火，由此造成的车辆损失保险公司会拒赔。

◆　加装设备

有的车主会在购车后，在车内外加装一些设备，如音响、冰箱、行李架等。如果这些设备导致保险事故发生，保险公司会拒绝理赔，除非车主购买了"新增设备损失险"。但是新增的这些设备要确认不会留下任何的安全隐患，否则保险公司也会拒绝理赔。

◆　放弃追偿

如果在出险后车主放弃对于责任方的索赔，保险公司也可能不会理赔。一般出险后，被保险人首先得向第三方索赔，保险公司才会赔付。如果被保险人直接向保险公司索赔，放弃向第三方索赔，保险公司会拒赔。

◆ 修车损失

如果被保险车辆在车主修理的过程中，发生被盗或者碰撞，保险公司会拒绝理赔，但是车主可以向车辆保管人追究赔偿。

◆ 司机伤亡

如果司机没有投保车上人员责任险或者个人人身意外险，即使购买了车损和第三者责任险，保险公司也不会理赔。

◆ 家庭成员

如果被保险人在驾驶过程中不慎碰撞到自家人，保险公司会拒绝理赔，即使车主购买了第三者责任险。因为第三者责任险理赔的对象是除被保险人、保险事故驾驶员及家庭成员、被保险人的家庭成员外的第三人。

◆ 超过报案期限

如果在保险事故发生的 48 小时之后，被保险人还未报案，因未及时报案导致损失无法认定的，保险公司会拒绝赔付。

◆ 保费未交清

如果保险事故发生时，被保险人还未续保或者保费还未交清，此时发生的保险事故，保险公司会拒绝理赔。

不同的保险公司，对于一些出险不予理赔的情形，可能存在一些细微的差别，具体应以购买的保险合同所截条款为主。

④ 赔付费用，早知道

无论是小事故还是大事故，只要在保险公司的理赔范围内，保险公司都会按照合同理赔。那么，保险公司将理赔哪些费用呢？

保险公司对于交强险的赔付是具有一定的限额的，且被保险人承担责任和不承担责任时赔付的金额不同。而如果投保了其他商业险种，保险公司还将赔付医疗费、误工费、住院伙食补助费、护理费等。

◆ 医疗费

医疗费是指交通事故的当事人在保险医疗范围之内的费用，报销时需要医院出具有效证明。

◆ 误工费

误工费的计算，如果事故的当事人是有固定收入的，按照固定收入的误工时间计算误工费，无固定收入的，按照当地同行业的平均水平来核算。

◆ 住院伙食补助费

住院伙食补助费会按照事故双方当事人行业内的出差伙食补助进行赔偿，不同的保险公司会存在一定的差别，具体以合同条款为主。

◆ 护理费

护理人员有固定收入的，根据误工费核算；护理人员没有收入或雇用护工的，参照当地护工从事同等级别护理的劳务报酬标准计算。

◆ 残疾者生活补助费

残疾者生活补助费需要根据伤残的等级，按照事故地的人均生活费核算，一般从定残当月开始算起，赔偿 20 年。

◆ 死亡补偿金

死亡补偿金会根据具体险种的死亡伤残的限额赔付。有的也会根据事故地的人均生活消费核算，赔偿一定的年限，如 10 年。具体以合同为主，而丧葬费会根据当地丧葬费的标准支付。

◆ 交通费

交通费根据事故当事人现实的有必要的费用，进行报销核算。如事故当天的第一笔出租车费用或抢救车费用。

◆ 住宿费

住宿费根据事故当事人所在行业的出差住宿规范进行报销核算。

◆ 第二次医疗费用

第二次医疗费用指经医院证明并且相关司法机构鉴定，伤员需要经历二次治疗的费用。保险公司根据发生的费用，按照一定的比例进行报销。

◆ 伤残费用

伤残费用是由司法鉴定机构确定，做伤残鉴定的费用，保险公司要进行报销。

以上都是一些常见的费用赔付，不同的保险公司在项目和金额上可能存在差别，所以具体以选择的保险公司的规定和合同条款为准。

在 2020 年，车险新政策出台，对交强险和商业险都进行了一定的调整。对于交强险的保额调整主要为：当被保险人无责任时，死亡伤残赔偿限额为 1.8 万元，医疗费用赔偿限额为 1 800 元，财产损失赔偿限额为 100 元。

当被保险人承担一定的责任时，死亡伤残赔偿限额为 18 万元、医疗费用赔偿限额为 1.8 万元、财产损失赔偿限额为 2 000 元。交强险的费率浮动系数，下浮比例也由 -30% 扩大到 -50%，如交强险原价 950 元，最低下浮 30%，也就是 665 元。现在有的地区能以 475 元买到。

对于商业险的调整，主要在第三者责任险和车损险。第三者责任险的赔偿额度从之前最高 500 万元提升到了 1 000 万元；对于盗抢险、自燃险、发动机涉水险、玻璃单独破碎险、无法找到第三方特约险、不计免赔险等，已经和车损险合并，不需要再单独购买。

第3章

想享受分红
分红险看一看

　　如果有一种保险不仅能保人身，还能实现分红，本金也有保障，而且没有理财门槛的限制，你会不会考虑？

　　分红险就是这样的一类保险产品，那么分红险能分多少红？风险有多大？理财误区有哪些……本章简单聊一聊。

3.1 分红险，知识储备是前提

在配置分红险之前，关于分红险，你知道多少？

分红险可以分多少红？利与弊在哪里？两大分红险有何区别？理财风险有哪些？保额配置多少最合适……

购买分红险，必要知识需要提前储备。

❶ 分红常识第一位

对于分红险，我们可以简单从分红形式、分红险的利与弊以及分红险保费投资去向来了解。

（1）分红险的红利分配

分红险是指客户投保的保险，在具有了基本的保障功能外，保险公司还会在每个会计年度结束后，将上一会计年度可分配盈余按照一定的比例，以现金或者增额的方式分配给客户。

现金红利是直接以现金的方式将盈余分配给客户，而增额就是每年以一定的比例增加保额的额度。银保监会规定保险公司每年至少应将可分配盈余的70%分配给客户。

分红保险的分红是不确定的，分红的多少和保险公司的经营状况息息相关。投保人与保险公司共享经营成果，共担经营风险。

（2）分红险的优缺点

分红保险相对于其他保险具有一定的优点，如投入成本相对较低，保险公司将除掉运营成本以及赔付后的盈余返还给理财者。获得的可分配盈余70% 会返还给客户，所以理财者的投资成本获得了较大程度的周转和盈利。

此外，分红险的分红比较活跃，当保险公司获得盈利多时，分红就多；当保险公司盈利较少时，分红就少。与其他的理财产品背后的平台不同，保险公司的盈利模式不一样，负增长或者破产很少，不派发红利的情况也少。

而且分红险在某种程度上能抵御各种金融风险，客户和保险公司的收益具有一致性，保险公司在实现自身利润增加的同时，也实现了客户资产的保值增值。

分红险的弊端主要有两点：一是预期收益较低。一般来说，预期收益包括保底预期收益和分红预期收益两种，其中，保底预期收益整体来说金额较低，而分红预期收益也根据投资者预期收益决定，预期收益高才分红多；二是预期收益不稳定。保单中与消费者签订的分红险预期收益是不确定的，它是根据整体投资市场情况和保险公司的经营管理业绩来决定的。

（3）分红险的保费投资去向

一般分红险的客户所交纳的保费主要用于投资国债、存款、基金、大型基础设施建设等，与万能险、投连险的投资去向存在一定的差别。

❷ 两大分红险对比分析

分红险根据功能，可以分为投资和保障两大类，其中投资型分红险主要以银保分红产品为主，一次性交费，保障期限在 5 年到 10 年。而保障型分红险主要是各大保险公司推出的带有分红功能的寿险产品，常见如两全分红和定期分红。

一般银行推出的分红保险大多以理财为主，以 A 行推出的分红险为例进行介绍。

案例故事 配置 A 行分红险

李先生在 A 行购买了一款投资分红险，具体如下：

（1）产品特色

该分红险交费期限和投资期限较短，资金稳定，满期给付，分期投入聚少成多。

（2）投保详情

该分红险适用于出生满 30 天至 65 周岁的人群，保障期限为 6 年，交费期限为 2 年或 3 年，缴费方式为年交。

（3）保费及保额

主险每一份保单最低保费为 1 000 元，超过 1 000 元的保费必须是 1 000 元的整数倍；每一份保单的保额为 1 万元，购买份数须为整数份；最低投保为 1 份，累计投保不超过 10 份；附加险保费为 10 元，最低投保 1 份，最高不超过 12 份。

（4）产品分红

该分红险的红利为现金红利。李先生为自己 3 岁的宝宝投保，每年交保费 1 万元，交两年，保障 6 年，保险期满时领取满期保险金可为 24 701.58 元（按高档红利预算）、23 312.39 元（按中档红利预算）、21 923.18 元（按低档红利预算）。保险公司每年的红利是不确定的，具体应以实际公布的红利为主，这里只作简单参考。

（5）保险责任

一般分为满期保险金和身故保险金的给付。如果被保险人生存至本主险合同期满日 24 时，满期保险金＝按照本主险合同的基本保额 × 交费期。

在保险期间，当被保险人身故时，身故保险金＝按照主险合同的基本保额 × 身故时的保单年度数。若计算的金额小于身故时主险合同的现金价值，按照主险合同的现金价值给付身故保险金。

（6）责任免除

因下列情形之一导致被保险人身故的，公司不承担给付保险金的责任。

①投保人对被保险人的故意杀害、故意伤害。

②被保险人故意犯罪或者抗拒依法采取的刑事强制措施。

③被保险人自本主险合同成立或者合同效力恢复之日起 2 年内自杀，但被保险人自杀时为无民事行为能力人的除外。

④被保险人主动吸食或注射毒品。

⑤被保险人酒后驾驶、无合法有效驾驶证驾驶，或驾驶无有效行驶证的机动车。

⑥战争、暴乱、核爆炸、核辐射、核污染等。

（7）购买渠道

一般在 A 行各营业网点都可以购买。

在银行购买的分红险，其实大部分都是银行代销的保险公司的分红险产品；而保险公司本身也会销售分红险，它们之间还是会存在一定的差别。下面以 B 保险公司直接售卖的分红险保险为例来进行讲解。

案例故事 配置保险公司分红险

汤先生在 B 保险公司购买了一款分红险，具体如下：

（1）产品特色

一般交费期结束后或 60 周岁（含）开始，按月给付一倍主险基本保额的生存保险金，60 周岁后的每个保单周年日给付一倍基本保额的关爱生存保险金，可参与保险公司分红，身故有保障，累计给付的生存金、关爱金和身故金之和不低于所交保费。

（2）投保详情

该分红险适用于18～55周岁人群，保障期限为终身，交费期限为10年，保额500～20 000元。交费方式为月交或者年交，犹豫期为20个自然日。汤先生投保详情如表3-1所示。

表3-1　投保详情

项　　目	明　　细	项　　目	明　　细
年龄	30岁	基本保额	1 000元
交费期限	10年	保障期间	终身
月交保费	1 824元	10年累计保费	218 880元

（3）产品收益

该分红险收益主要为生存保险金、关爱金和分红等，具体如表3-2所示。

表3-2　产品收益

保险金	领取人	给付金额	领取条件
生存保险金	汤先生	1 000元（每月）	60周岁仍生存
关爱生存保险金	汤先生	1 000元（每个保单周年日）	自汤先生60周岁后的每个保单周年日仍生存
分红	汤先生	以每年分红报告为准	保单有效
身故保险金（主险）	受益人	所交保险费减去截止到汤先生身故之前最近的保单周年日累计应领生存保险金及关爱生存保险金之和与现金价值的较大值	汤先生不幸身故
身故保险金（附加险）	受益人	保额6万元	汤先生不幸身故

不同的保险产品，提供的保障是不同的，并且在不同的情况下给予的保障收益也是不同的。具体以产品条款和合同约定为主。但不管是哪一种分红保险，红利分配都是不确定的。

❸ 分红险理财须知

分红险在投保前，掌握必要的理财常识很重要。我们可以通过查看投保提示，了解一些购买须知。如通过阅读如图 3-1 所示的投保提示书，确认保险机构和代理人的合法资格。

一般我们可以通过致电或者在线的方式，通过一些保险监管系统查询保险公司及保险产品的合法性。

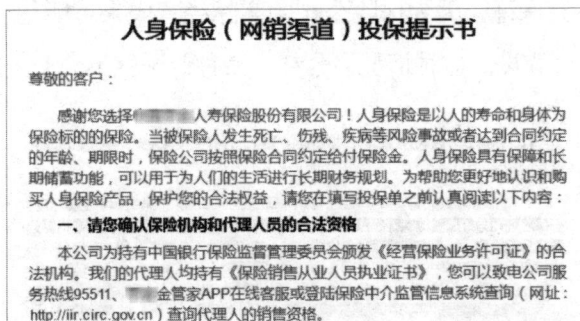

人身保险（网销渠道）投保提示书

尊敬的客户：

感谢您选择██████人寿保险股份有限公司！人身保险是以人的寿命和身体为保险标的的保险。当被保险人发生死亡、伤残、疾病等风险事故或者达到合同约定的年龄、期限时，保险公司按照保险合同约定给付保险金。人身保险具有保障和长期储蓄功能，可以用于为人们的生活进行长期财务规划。为帮助您更好地认识和购买人身保险产品，保护您的合法权益，请您在填写投保单之前认真阅读以下内容：

一、请您确认保险机构和代理人员的合法资格

本公司为持有中国银行保险监督管理委员会颁发《经营保险业务许可证》的合法机构。我们的代理人均持有《保险销售从业人员执业证书》，您可以致电公司服务热线95511、████金管家APP在线客服或登陆保险中介监管信息系统查询（网址：http://iir.circ.gov.cn）查询代理人的销售资格。

图 3-1　投保提示书

除上述须知外我们还要注意保险合同条款、犹豫期、分红收益、与其他产品对比、特殊约定等，具体如下：

◆　保险合同条款

不要将保险产品的广告、公告、宣传单等宣传材料视同保险合同。在购买保险产品前，需仔细阅读保险条款，重点关注保险责任、责任免除、投保人与被保险人的权利和义务、免赔额、申请赔款的手续、退保相关约定、费用扣除、产品期限等。

如果对保险合同条款有疑问，可以与在线客服、代理人或销售平台进行沟通，要求其进行解释。

◆ 明确有关犹豫期的相关约定

一般一年期以上的人身保险产品都有犹豫期。除合同另有约定的情况外，在犹豫期内，投保人可以无条件解除保险合同，但应退还保单。保险公司会无息退还全部保费。而在犹豫期后解除保险合同不划算，投入本金有损失。

◆ 关于分红收益

分红险的分红水平主要取决于保险公司的实际经营成果。图 3-2 所示为投保提示书关于分红险、投连险、万能险的风险与特点的说明，保险公司对于分红不会保证，因为保险公司的实际经营成果可能优于定价假设，也可能差于定价假设。前种情况会分红，后种情况就不会派发红利。

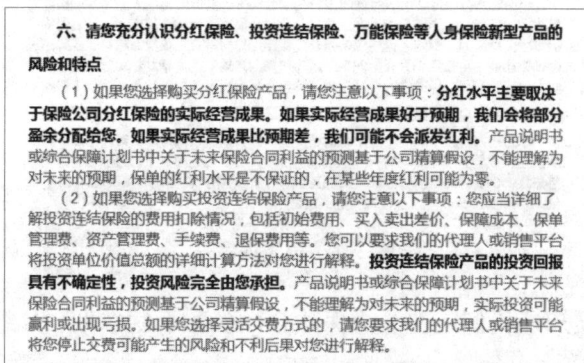

六、请您充分认识分红保险、投资连结保险、万能保险等人身保险新型产品的风险和特点

（1）如果您选择购买分红保险产品，请您注意以下事项：**分红水平主要取决于保险公司分红保险的实际经营成果。如果实际经营成果好于预期，我们会将部分盈余分配给您。如果实际经营成果比预期差，我们可能不会派发红利。** 产品说明书或综合保障计划书中关于未来保险合同利益的预测基于公司精算假设，不能理解为对未来的预期，保单的红利水平是不保证的，在某些年度红利可能为零。

（2）如果您选择购买投资连结保险产品，请您注意以下事项：您应当详细了解投资连结保险的费用扣除情况，包括初始费用、买入卖出差价、保障成本、保单管理费、资产管理费、手续费、退保费用等。您可以要求我们的代理人或销售平台将投资单位价值总额的详细计算方法对您进行解释。**投资连结保险产品的投资回报具有不确定性，投资风险完全由您承担。** 产品说明书或综合保障计划书中关于未来保险合同利益的预测基于公司精算假设，不能理解为对未来的预期，实际投资可能赢利或出现亏损。如果您选择灵活交费方式的，请您要求我们的代理人或销售平台将您停止交费可能产生的风险和不利后果对您进行解释。

图 3-2　收益与风险

◆ 与其他金融产品比较

分红险、投连险、万能险等人身保险兼具保障和投资功能。不同保险产品对于保障功能和投资功能的侧重不同，但本质上都属于保险产品，产品经营主体是保险公司。

所以一般不宜将人身保险与银行存款、国债、基金等进行片面比较，更不要只把它当作银行存款的替代品。

◆　保额配置

如果分红险是为未成年的子女配置，若被保险人在保险期间身故，身故保险金的给付总和应符合银保监会的有关规定，从而保护未成年人权益，防止道德风险。

◆　如实告知

我国保险法对投保人的如实告知行为进行了明确的规定。投保时，投保人填写的投保单要属实，此外，被保险人要如实回答被询问的问题，投保文件要亲笔签名、亲自确认。

◆　配合保险公司回访及保护自身合法权益

一般投保后，保险公司将通过电话、信函、上门、网络等形式对投保人进行回访。在回访过程中，为确保自身权益，投保人要按实际情况回复回访问题，保护自身合法权益，如图 3-3 所示。

十一、请您配合我们做好客户回访工作

　　我们将通过电话、信函、上门回访或网络等形式对您进行回访，在我们对您进行回访的过程中，为确保您的权益得到切实保障，请您按实际情况回复回访问题。请您投保时准确、完整填写家庭住址、邮编、常用联系电话、手机号码等个人信息，以便我们能够对您及时回访。

十二、请您注意保护自身的合法权益

　　如果您发现存在误导销售行为，或认为自身权益受到侵犯，请注意保留书面证据或其他证据，可通过电话95511-4-3或　　　　　APP首页右上角"在线客服"（智能机器人标识）等方式向我们投诉，信函及接待地址、传真号码、投诉受理电子邮箱等投诉渠道，请关注各省级分公司及分支机构公布信息；也可以致电当地银行保险监督管理局（或保险行业协会）投诉；必要时还可以根据合同约定，申请仲裁或向法院起诉。

十三、请您了解本公司最近季度的偿付能力信息，该信息可以作为您决定是否投保的参考信息

图 3-3　维护自身合法权益

如果发现保险业务员存在误导销售，一般可保留书面证据，通过电话、网络、邮件等进行投诉。另外在选择保险公司时，保险公司最近的偿付能

力也是关键指标之一，是必须要关注的点，前面章节我们已提过。

◆ 了解红利通知书

一般保险公司会每年向保单持有人寄送一次红利通知书，告知客户红利分配的有关政策、本年度红利、累积红利等。如果是电子化的红利通知书，投保人要和保险公司提前商议，保险公司需要征求投保人同意。

◆ 联系方式变更告知

如果投保人的电话或者住址变更，与投保单上的不一致，要将最新的联系方式告知保险公司，使自己的保单处于保险公司的服务中。

◆ 提前存保费

现在一般都通过银行转账划款的方式交纳保费。现实中可能会存在因疏忽忘记预存保费，导致银行账户余额不足，扣款不成功，最终保险合同效力中止的情况。因此建议在下一个交费日前，先预存下期的保费，最好及时关注账户变动，如转账未成功或下期交费时间提醒等。

◆ 牢记保险公司客服电话

一旦遇到保单问题，如交费、中止、理赔等，都可以与客服进行沟通，要求保险公司给予解决。

以上只是关于分红险的一些常见须知，在实际购买中，我们还需要根据自身需求以及支付能力合理配置，不选最贵，不选最好，适合才是关键。

3.2 分红险收益计算两要素

分红险作为一种理财类保险，它的收益如何计算？与收益相关的因素有哪些？

❶ 红利计算有章程

张先生交了 3 年保费，但每年的分红都在 456 元左右。他怀疑是否上一年的保费在当年没有参与分红，10 年的保费是不是只有 4 560 元左右的分红。

是不是所有保险公司的红利都像张先生购买的分红险一样计算分红呢？如果不是，分红险到底是如何计算红利的呢？分红险的分红一般分为保费分红和保额分红，两者在分红计算上存在一定的差别。

◆ 保费分红

保费分红是以投保人已经交付的保费为计算基础，对应分红利率计算的保单分红。在该种计算方式下，两人购买同类的分红保险，保额相同，但交费方式不同，分红计算不同。

①趸交保单：从保单购买年度开始，分红一般较高。如果每年的分红利率不变，则每年的分红相同。

②期交保单：保单的分红随着交费次数增加而增加，保单购买年度的分红较少，如果每年的分红利率不变，则每年的分红不断递增。

因为各种因素的影响，期交保单保费的总额可能大于趸交保单保费。所以在缴清所有保费后，期交保单的分红可能高于趸交保单，具体以实际为准。

◆ 保额分红

保额分红是以保单的保额为基础，对应相应的分红利率计算的分红。保额分红以保单保额的多少为权重。在该种计算方式下，投保人购买的某种分红产品，保额相同，无论是一次性交清保费还是分期交费，每年的分红相同。保单的分红与交纳多少保费无关。

不同的保险公司，分红利率存在一定的差异，而且每年的分红利率也会存在一定的波动。

我们知道分红险的红利有两种分配形式：现金红利和增额红利。在现金红利法下，投保人一般可以选择将红利留存公司累计生息、进行现金支取或抵扣保费等。现金红利法中，保险公司的红利分配比较透明。在市场竞争下，保险公司会将大部分的盈余用于投保人的红利分配，以吸引更多人投保。同时因为现金流的支出，也在一定程度上减少了公司的负债。而为了缓解公司现金流的压力，保险公司会减少一些长期资产的投资比例。在一定程度上也会影响总投资收益，最终影响盈利分配。

而增额红利是将红利转换为一定的保额，一般可以分为定期增额红利、特殊增额红利、末期红利等。

李先生投保了一款分红险，保额为 10 万元，每年分红率为 1%，红利每年变动如表 3-3 所示。

表 3-3　红利变动

年　　度	红利（元）
1	100 000×1%=1 000
2	（100 000+1 000）×1%=1 010
3	（100 000+1 000+1 010）×1%=1 020.1
4	（100 000+1 000+1 010+1 020.1）×1%=1 030.3
…	…

如上李先生购买的分红险，在红利分配中不仅体现了增额分红，更体现了累计生息。但如上的分红利率并非实际利率，只是为了说明做的简单预算，不能代表未来的实际收益，即使是保险公司演示的分红收益，也会分为高中低档的预算。实际分红收益要以保险公司派发的红利通知书为主。

不同险种的分红存在一定的差别，即使是同一险种，分红也是按照保额的占比或者保单现金价值的占比或者资产份额的占比来进行分配。

❷ 红利分配早约定

分红险的红利来源于保险公司每年可分配的利润，而保险公司每年可分配的利润主要来源于死差益、利差益、费差益。

◆　死差益

死差益是保险公司实际的风险发生率低于预计的风险发生率所产生的盈余，用公式计算为：死差益＝（预计死亡率－实际死亡率）× 风险保额。一般各大保险公司在确定费率时，大多会使用统一的生命表系列，根据性别、年龄、业务种类等进行确定。根据不同的险种，保险公司预计死亡率会存在一定的差异。而风险保额不是险种保额，一般常用公式为：风险保额＝保险金额－现金价值。其中，现金价值一般会随着保单年度增长而增加。

◆　利差益

利差益是指资产运用的实际利益率大于责任准备金计算所采用的预定利率时产生的利益。一般保单在初始年度交纳的费用相对会更高一点，所以保险公司的责任准备金数额较少，利差益较少。

对于理财储蓄类的保单，责任准备金的增加与保单年度成正比。根据现行规定，保单的定价预定预期年化利率不能超过 2.5%，目前市场的分红产品一般 2.0% 居多。而保险公司越专业，经营业绩越好，保险公司获得可观的利差益机会越大。

◆　费差益

费差益是保险公司实际的营运管理费用低于预计的营运管理费用时所产

生的盈余，用公式计算为：费差益＝（预定营业费用率－实际营业费用率）×保险费总额。在购买保险的初始年度，费用相对多一点，所以会出现费差损，在某种程度上会影响年度分红。为了避免这种情况，有的保险公司会采取固定费率的办法。

保险公司在厘定费率时会考虑到预定死亡率、预定投资回报率、预定营运管理费用等，而费率一经厘定，不能随意改动。

但保险的保障期限一般较长，在保险期间，实际死亡率、实际收益率、实际运营管理费用等和预期都会存在很大差别，如上三大差益就会出现。保险公司就会将三大差益产生的利润按照一定的比例分配到客户，红利也由此产生。

由于我国的分红保险市场形成不久，无论是保险公司、分红产品、保险监管等还不是很成熟。为了保护保单持有人的利益，国家也对分红保险市场进行了一定的监管。具体如下：

◆ 明确分红资金来源

目前分红保险的盈余分配没有统一的标准，有选择死差益、利差益、费差益三者合计分红，也有选择两者合计分红，有的甚至只选择其中一种分红。为了防止保险公司用红利分配误导理财者，监管机构要求保险公司必须明确分红保险的盈余来源与确定方法。

除了三大差益，保险公司还应将退保收益及资产增值等列入分红项目，使理财者选择的保险公司业务更稳健、红利更稳定、经营管理更良好。

◆ 监管分红保险的盈余分配

我国分红保险精算规定中允许保险公司选择两种红利分配方式，即现金红利和增额红利。

两者在透明度、公平性、具体操作、会计处理等方面存在很大的不同，且不同的保险公司在实际操作中也没有固定一种方式，所以无法使理财者对产品的未来收益进行预估。

为了保障保单持有人的利益，保险监管机构要求各大保险公司应在其财务报告中对于红利的分配方法和处理原则做详细规定。特别是对于那些多年盈余为负的保险公司，更要求会计师根据市场、利率、资本、投资收益等做相应的说明，并出具相关的声明书。

◆ 强调分红保险的透明度

无论是选择现金分红还是增额分红，红利的计算和分配都比较复杂，而且很多购买人并不清楚分红是如何计算的，所以购买者也不知道自己收到的分红保险的分红是否合理。

因此，我国保险监管机构要求保险公司每一会计年度至少向保单持有人寄送一次分红业绩报告。为了便于保单持有人更好地看懂，对于分红保险的投资收益、费用支出、本年度盈余、可分配盈余、保单持有人应得红利、增额的保额等使用非专业的语言进行说明。

◆ 加快精算师制度建设

精算师可以在红利分配的公平、公正和合理性上，保障保单持有人的利益。我国保险监督机构虽然要求保险公司的精算负责人必须在公司提供的分红保险财务报告和分红业务年度报告上签字，但是精算师更多的是以财务管理人的角色，而非监管者的角色来签字确认。

因此，加快我国指定精算师制度建设，利用指定精算师的监管职能对分红保险市场进行正规、有效监管很重要。

◆ 重视投保人的合理预期

投保人的预期是建立在分红保险产品说明以及保单红利演示基础上的。保险公司是否考虑投保人的合理预期，是衡量保险公司的分红保险经营管理、投保人未来收益能否得到保障的重要标准。

因为我国的分红保险市场还未达到成熟期，红利演示不合理、承诺高回报、隐瞒红利不确定性等时有发生，最终影响投保人的理财收益以及加剧与保险公司的理财纠纷。

以上问题也已引起了保险监管机构足够的重视，将监管的重点集中在产品红利的演示上。对于分红保险的红利分配形式和分配比例有明确的规定，同时对于分红保险的相关信息，要求公开透明地进行信息披露。

3.3 分红险理财坑有哪些

分红险作为一种理财类保险，理财收益是重点，但同时也需要注意规避其中的坑，常见理财坑如下所示。

❶ 理财坑一：分红收益高回报

快年底了，詹先生的各种保险都需要续费。因为了解到詹先生在做一些理财规划，于是业务员给他推荐了两种不同收益的分红险。两种分红险各有优势，详情如下。如果你是詹先生，你会选择哪一种？

案例故事 分红险产品 A 的收益分析

该分红险主要可以从投保详情、保障利益、产品利益等来说明。

（1）投保详情

该分红险适用于 0 岁至 60 周岁的人群，保障期限为终身，交费期限可为 10 年、15 年、20 年，交费方式为月交或者年交，犹豫期为 20 个自然日，具体如表 3-4 所示。

表 3-4　投保详情

项　　目	明　　细	项　　目	明　　细
年龄	30 岁	基本保额	8 500 元
交费期限	10 年	保障期间	终身
月交保费	790 元	红利领取方式	约定

（2）保障利益

该分红险收益主要为生存保险金、身故金、分红等。如果詹先生选择以现金方式或增额方式领取红利，享有保障收益如表 3-5 所示。

表 3-5　产品收益

保 险 金	领 取 人	给付金额（现金）	给付金额（增额）	领取条件
生存保险金	詹先生	自第 5 个保单周年日起每年领取 2 550 元至终身	自第 5 个保单周年日开始，每年可领取的生存金用于交清增额，保额和生存金逐年增加	詹先生自本主险合同第 5 个保单周年日开始，每个保单周年日仍生存
身故保险金	儿子	所交保费减去截止到詹先生身故之前最近的保单周年日累计应领生存保险金的余额与现金价值的较大者	所交保费减去截止到詹先生身故之前最近的保单周年日累计应领生存保险金的余额与现金价值的较大者	詹先生于保险期间不幸身故
分红	詹先生	以分红报告为准	分红用于交清增额，保额逐年增加	保单有效

（3）产品利益

若詹先生每年的红利、生存金均采用累积生息的方式领取，当詹先生 35 周岁时，可获得的利益演示如表 3-6 所示。

表 3-6　收益演示一

项　　目	低档收益（元）	中档收益（元）	高档收益（元）
当年生存金	2 550	2 550	2 550

项　　目	低档收益（元）	中档收益（元）	高档收益（元）
累计生存金	2 550	2 550	2 550
生存总利益	31 240	32 944	34 222
身故总利益	47 400	49 104	50 382

若詹先生选择将红利、生存金均用于交清增额保险，当詹先生35周岁时，可获得的利益演示如表3-7所示。

表3-7　收益演示二

项　　目	低档收益（元）	中档收益（元）	高档收益（元）
交清增额后保额	262	437	574
交清增额后当年生存金	0	33	59
累计生存金	2 550	2 550	2 550
生存总利益	30 558	31 806	32 783
身故总利益	49 268	50 516	51 493

上述红利演示只作为保险公司的估算和假设，便于投保人更好地理解保险责任、现金价值、保险条款等，不能代表保险公司的历史和未来经营业绩。分红险的红利是不确定的，实际分红多少要以保险公司的实际经营情况为准，红利演示只能作为理财参考之一，重点还是在于保险公司的实际盈利。

案例故事 分红险产品B的收益分析

该分红险主要可以从投保详情、保障利益和产品特色等来说明。

（1）投保详情

该分红险适用于18～55周岁人群，保障期限为终身，交费期限为10年，交费方式为月交或年交，犹豫期为20个自然日，具体投保情况如表3-8所示。

表 3-8　投保详情

项　目	明　细	项　目	明　细
年龄	30 岁	基本保额	500 元
交费期限	10 年	保障期间	终身
月交保费	912 元	10 年累计交费	109 440 元

（2）保障利益

该分红险收益主要为生存保险金、关爱金、身故金、分红等，詹先生享有保障收益如表 3-9 所示。

表 3-9　产品收益

保 险 金	领 取 人	给付金额（现金）	领取条件
生存保险金	詹先生	500 元（每月）	自詹先生 60 周岁（含）后每月的领取日仍生存
关爱生存保险金	詹先生	500 元（保单周年日）	自詹先生 60 周岁之后的每个保单周年日仍生存
分红	詹先生	以分红报告为准	保单有效
身故保险金（主险）	儿子	所交保险费减去截止到詹先生身故之前最近的保单周年日累计应领生存保险金及关爱生存保险金之和与现金价值的较大值	詹先生不幸身故
身故保险金（附加险）	儿子	保额 3 万元	詹先生不幸身故

（3）产品特色

该分红险月给付生存金、终身领取关爱生存金，可参与保险公司分红，身故有保障，累计给付生存金、关爱金和身故金之和不低于所交保费。

对比分红险 A 和分红险 B 来看，投保年龄、交费时间、保障期间一样，但是保额、月交保费、享有的保障利益不同。在分红险 A 中，对于分红收益进行了高中低的演示，但分红险 B 没有进行具体的演示，具体见分红报告。但无论是分红险 A 还是分红险 B，最终的分红还是以保险公司实际派发为主。所以分红收益不一定是高回报的收益，还可能是低收益，甚至零收益。

❷ 理财坑二：投资期限要最短

与保险公司直接推出的分红险投资终身不同，在银行购买的分红险，投资期限一般在 5 年、6 年、8 年、10 年、15 年的比较多，那么分红险的投资期限是不是越短越好呢？

案例故事 投资期 3 年的分红险收益查看

30 岁的刘女士，以自己为被保险人，在 A 银行购买了一份分红险，该分红险的交费期间是 3 年，保障期间为 10 年，每年交费 10 000 元，该分红险从产品特色、保险责任、产品红利等方面说明如下。

（1）产品特色

该分红险保障本金，满期保证返还已交保险费，而且每年按照年交保费的一定比例返还生存保险金，红利分红累计生息，意外身故保障。

（2）保险责任

在合同保险期间内，保险公司承担保险责任如表 3-10 所示。

表 3-10　保险责任

项　　目	明　　细
生存保险金	①如果约定交费期间为 3 年，则生存保险金给付比例为 3%。 ②如果约定交费期间为 5 年，则生存保险金给付比例为 4%。 ③如果约定交费期间为 10 年，则生存保险金给付比例为 10%。 生存保险金 = 保险单上载明的本合同的年交保险费 × 生存保险金给付比例
满期保险金	被保险人在本合同保险期间届满时仍生存，保险公司给付满期保险金，满期保险金的金额为已交的累计保费

项 目	明 细
身故保险金	非意外身故给付的保险金＋保险单上载明的本合同的保险金额×被保险人身故时的交费年度数×意外身故保险金给付倍数，同时根据乘坐的交通工具不同，给付 1～4 倍意外身故保险金

（3）产品分红计算

刘女士购买的分红险的分红收益，从购买第一年度后，红利演示如表 3-11 所示。

表 3-11 分红演示

年龄	当年保费（元）	累计保费（元）	当年红利（元）			累积红利（元）			生存金（元）
			低	中	高	低	中	高	
31	10 000	10 000	40	159	278	40	159	278	300
32	10 000	20 000	87	347	608	128	511	894	300
33	10 000	30 000	135	540	945	268	1 067	1 866	300
34	0	30 000	137	547	957	413	1 646	2 879	300
35	0	30 000	139	554	969	564	2 250	3 935	300
……	……	……	……	……	……	……	……	……	……

该利益演示只基于公司的精算及其他假设，不代表公司的历史经营业绩，也不能理解为对分红未来的预期，红利分配是不确定的。

案例故事 投资期 5 年的分红险收益查看

30 岁的唐先生，以自己为被保险人，在 B 银行购买了一份分红险，该分红险的交费期间是 5 年，保障期间为终身，每年交费 10 000 元，该分红险从产品特色、保险责任、产品红利等方面说明如下：

（1）产品特色

保障终身，意外身故双倍赔偿，养老规划、资产传承、财富增长。

（2）保险责任

①生存金：在被保险人年满 60 周岁前，生存保险金给付比例为 20%；年满 60 周岁后，生存保险金给付比例为 100%。生存保险金 = 保单上载明的年金领取额 × 生存保险金给付比例。

②身故保险金：若被保险人身故时未满 18 周岁，身故保险金 = 已交纳的本合同的累计保费。若被保险人在年满 18 周岁后（含 18 周岁生日）至年满 80 周岁前（不含 80 周岁生日）本合同最后一个年生效对应日之间，非因意外伤害事故导致身故，保险公司给付非意外身故保险金。

③保费豁免：根据保险合同约定，投保人发生投保人保费豁免的情形，保险公司豁免前述期间内投保人应交纳的本合同的保费。

（3）产品分红计算

唐先生购买的分红险的分红收益，从购买第一年度后，红利演示如表 3-12 所示。

表 3-12　分红演示

年　龄	当年保费（元）	累计保费（元）	当年红利（元）			累计红利（元）			生存金（元）
			低	中	高	低	中	高	
31	10 000	10 000	31	126	220	31	126	220	544
32	10 000	20 000	73	292	512	105	422	738	544
33	10 000	30 000	116	466	815	225	900	1 575	544
34	10 000	40 000	162	646	1 131	393	1 573	2 753	544
35	10 000	50 000	208	831	1 454	613	2 451	4 290	544

该红利演示只基于保险公司的精算及其他假设，不代表公司的历史经营业绩，也不能理解为对分红未来的预期，红利分配是不确定的。

以上两个案例，每年投入同样的成本，但投资期限不同，以五年的演示收益比较，我们可以看到，二者的收益和分红险产品的投资期限关系其实不大，而且即使我们看到的红利演示也非分红保险的实际分红，具体影响分红险分红收益的因素主要还是保险公司的经营业绩。

第4章

养老有质量
初配年金险

　　近年来，保险理财产品不断更新，年金保险也越来越受到消费者的青睐，甚至逐渐成为爆款。年金保险与其他保险相比，有何特色？收益好吗？风险高还是低？如何配置年金险？且看本章来说明。

4.1 年金险——养老有保障

怎么理解年金险？年金险的特色在哪里？常见产品有哪些？购买规则有没有？走进年金保险超市，挑选一款适合自身的年金保险产品。

❶ 年金保险，特色多

认识年金保险，我们可以从年金保险的定义、特色、种类等去了解。

◆ 定义

年金保险也可以理解为一种养老保险，是投保人按期交纳保费，以被保险人的生存为条件，按照年、半年、季或者月给付保险金，直到被保险人死亡或保险合同期满的一种人身保险。

◆ 特色

年金保险与其他保险相比，具有一定的特色，一般可以归结为如下四点：

①年金保险没有固定的期限，保险公司给付保险金的条件是被保险人活着，如果被保险人死亡，保险合同终止。

②类似于银行储蓄，积少成多，前期交纳保费，到一定的时期开始领取固定金额的保险金。

③年金保险风险较低，一般保险公司会按照规定提取责任准备金。根据相关规定，即使我们购买的年金保险所在的保险公司被收购或者合并，

新接手的保险公司将继续承担被保险人的年金给付责任。

④一般年金保险的保险金也叫生存金，会分期地给付被保险人，并且给付的间隔时间不会超过一年。

◆　种类

年金保险根据不同的分类标准，可以分为不同的产品，通常可以根据交费方式、给付时间、被保险人、给付方式、给付额来进行划分，如表4-1所示。

表4-1　年金保险的分类

分类方式	说　　明
按交费方式	可以分为趸交年金和期交年金，趸交年金是指一次性交清保费的年金保险，而期交年金是指保费分期交纳的年金保险
按给付时间	可分为即期年金和延期年金，即期年金一般是指投保人交纳保费后，保险公司就立即按期给付被保险人年金的保险，一般是一次性交清所有保费的年金保险。而延期年金是投保人达到一定年龄或者到达合同约定的年金领取日，保险公司才给付年金的保险
按被保险人	根据被保险人的不同，年金保险又可以分为个人年金、联合年金、最后生存者年金、联合及生存者年金。其中个人年金是被保险人只有一个，年金以个人生存为给付条件；联合年金是指年金保险有两个或两个以上被保险人，如果其中一人死亡，年金给付结束；最后生存者年金是以两个或两个以上被保险人中至少有一人生存作为年金给付条件，且给付的年金不会变化，年金给付持续到最后一个被保险人死亡为止；联合及生存者年金是以两个或两个以上被保险人中至少有一人生存作为年金给付条件，但给付金额会随被保险人人数的减少发生变化，年金给付持续到最后一个被保险人死亡为止
按给付方式	分为终身年金、最低保证年金、定期生存年金。其中终身年金是指被保险人可以领取年金至终身，直到死亡；最低保证年金是为了防止年金领人过早死亡、丧失领取年金权利而产生的一种年金保险。它又可以又分为确定给付年金和退还年金。确定给付年金规定了一个领取年金的最低保证确定年数，在规定时间内，无论被保险人生存与否均可得到年金给付。退还年金是指当年金受领人死亡而其年金领取总额低于年金购买价格时，保险人以现金方式一次或分期退还其差额的年金保险。定期生存年金对于年金的领取时间进行了定期规定，年金的给付以一定的年数为限，若被保险人一直生存，则年金给付到期满

续表

分类方式	说　　明
按给付的金额	根据给付的金额还可以分为定额年金和变额年金。定额年金是每次给付的年金都是定额的，即使年金保险设定了投资账户，最终领取的年金也不会随着投资收益或者市场变动而变动。而变额年金是指领取的年金随着账户投资收益的变动而变动，年金多少与投资收益有关

❷ 常见产品，比一比

现在市场中的保险公司很多，不同的保险公司推出了不同特色的年金保险，那么选择哪一类年金保险最好呢？下面来看看市场中常见的年金保险。

如下两类年金保险，你会选择哪一类？

案例故事 银行年金险

李先生在银行的定期储蓄到期后，在转存的时候，工作人员给他介绍了一款年金险，具体如下：

（1）产品特色

本金安全，在首年末的现金价值即高于所交保费；投资期限较短，资金流动性好，且保单贷款的比例可达90%；此外时间越长获得的生存金越多，产品到期后，收益可观。

（2）投保须知

关于该产品的投保须知，可以从适合人群、交费方式、保险期间等说明。

①适合人群：0 ~ 65 周岁的被保险人。

②交费方式：一次性交清。

③保险期间：本合同的保险期间为 10 年。

④犹豫期内退保：在犹豫期内退保，在扣除不超过10元的工本费后无

息退还保险费。

⑤保费：本合同的保险费在投保时一次性交纳，交费金额在投保时约定，并在保险单上载明。

⑥未成年人身故保险金：最高不能超过管理机构规定的限额，总和的约定也不得超过前述限额。

⑦保额：每一份保额 1 000 元，最低购买 10 份。

（3）保险责任

在本合同保险期间内，保险公司承担下列保险责任。

①生存金：自合同生效满两年后的首个年生效日，被保险人若还生存，保险公司将按照已交纳的累计保费的 4% 向受益人每年给付生存保险金。

②身故金：若被保险人身故，保险公司将向受益人给付的保险金为累计保费与保单的现金价值中的较大者。

③满期金：若被保险人在本合同保险期间届满之日（含该日）仍生存，满期保险金为 2 倍保额。

（4）红利演示

李先生如果投保，一次性交纳 1 万元，保额就为 5 498 元，则在保险期间，他享有的利益如下。

①生存金：两年后，他可以每年领取 400 元的生存保险金，在保险期间总计领取 3 200 元。

②满期金：十年满期后，他将获得满期保险金 10 996 元。

③保单贷款：如果在合同期间他急需用钱，可以申请保单贷款或解除保险合同。如果在五年后退保，他总计可以领回一笔生存金和保单的现金价值，总额 =400+ 保单现金价值。

对于该款保单可以在柜台、手机银行、个人网银上购买，如果是首次购买，一般还需要做一个风险测试。

案例故事　保险公司年金险

唐先生准备为刚出生的儿子投保，看到一款很受欢迎的月交的年金险，类似于基金定投，具体如下：

（1）产品特色

短期理财，强制储蓄，每月定存 500 元，预估利率为 4.025%，固定领取年金至 88 岁，复利生息，满期领回保费，个人自由定制，资产保值增值，保障人身安全。

（2）投保详情

关于该产品的投保详情，可以从适合人群、交费方式、保险期间等说明。

①适合人群：出生满 28 天～60 周岁。

②交费方式：月交 500 元，交费 3 年。

③保险期间：本合同的保险期间至 88 岁。

（3）保险责任

在本合同保险期间内，保险公司承担下列保险责任。

保额。如果每月定交 500 元，保额为 8 001.67 元。

生存金。自本合同第 10 个保单周年日（含）起，至被保险人 88 周岁后的首个保单周年日，若被保险人仍生存，保险公司每年将给付受益人保额的 10% 的生存年金。

身故金。若被保险人身故，保险公司按照已交保险费或被保险人身故时本合同的现金价值较大者给付身故金。

满期金。若被保险人于保险期间届满时仍生存，保险公司按已交保费给付满期保险金，保险合同效力终止。

保费豁免。除另有约定外，若投保人发生意外伤害事故，并自意外伤害事故发生之日起 180 天内因该事故直接导致投保人身故或确诊全残，且符合一定的条件，保险公司将豁免本合同自投保人身故或确诊全残之日后的续期保险费，合同继续有效。

（4）红利演示

唐先生如果投保，每月定交 500 元，交费 3 年，基本保额为 8 001.67 元，则在保险期间，他享有的保单利益如表 4-2 所示。

表 4-2　红利演示

年度	年交保费（元）	现金价值（元）	年末派发（元）	年末累计派发（元）	满期金（元）	生存金（元）	身故金（元）
1	6 000	2 242.20	0	0	0	0	6 000
2	6 000	5 618.35	0	0	0	0	12 000
3	6 000	9 428.90	0	0	0	0	18 000
4	0	9 995.55	0	0	0	0	18 000
10	0	19 612.80	800.17	800.17	0	800.17	19 612.80
87	0	16 666.65	18 800.17	80 413.26	18 000	800.17	18 000

如上两种年金险，产品特色、保险责任、红利演示等方面都不同，一种是银行与保险公司合作代销的保险；一种是保险公司自身推出的保险。

银行代销的年金险，以理财为主，一般一次性交费，投资期限也较短，保障时间也较短；而保险公司推出的年金险，一般是期交保费，大多为月交或年交，保障的时间较长。

到底选择哪一类年金保险，还需要理财者从自身的需求、支付能力、资金流动性、现金流、资金用途等出发，综合分析。

4.2　年金——收益最直接的体现

年金险作为一种保险理财产品，除了提供人身保障之外，更主要的是可以获得理财收益——年金。年金怎么领？领多少？年金险怎么配置呢？

① 年金险领多少

对于年金的领取方式,我们可以提前与保险公司约定,一般会选择定时、定额、一次性趸领。定时是被保险人和保险公司约定领取时间领取相应的金额;定额是在固定时间领取固定的金额,直到全部领取完毕;一次性趸领是被保险人在约定的领取时间里,把所有的年金一次性全部领走。但不同的年金险,年金领取可能存在差异。

案例故事 少儿年金险收益查看

刘先生最近在考虑将一笔闲置资金用于给1岁宝宝做教育储蓄或者购买教育险,以便积累孩子的教育基金,朋友圈的同学给他推荐了一款年金教育险,具体如下:

（1）投保详情

刘先生选择年交保费2万元,交费期限为3年,年金领取方式为年领,被保险人和受益人为宝宝。

（2）产品特色

该年金险适合于0～16岁的人群,保障至30岁,累计领取金额高达2.94倍保费,稳定利率稳定增值,超低保单贷款利率。

（3）保险责任

在保险期间,宝宝享有如下的保险利益。

①基本保额:该产品的基本保额为100 640元。

②大学教育金:在本合同保险期间内,如果被保险人于18～21周岁的每个教育保险金领取日生存,保险公司分别按合同约定的领取金额向宝宝给付大学教育保险金。其中年领取额＝已交纳的保费的20%;月领取金额＝年领取金额×0.088。

③满期保险金:若被保险人于年满30周岁后的合同的首个年生效对应日生存,满期保险金＝基本保额,保险合同终止。

④身故保险金：被保险人身故，身故金＝已交纳的保费或与保险人身故之日保险合同的现金价值的较大者。

（4）保单利益演示

该年金险的保单利益演示可以从年交保费、现金价值、年末派发、满期金、生存金等去展示，具体如表 4-3 所示。

表 4-3　现金价值演示

年龄	年交保费	大学教育金	满期教育金	年末派发	年末累计派发	现金价值
1 岁	20 000 元	0	0	0	0	18 516.40 元
2 岁	20 000 元	0	0	0	0	38 631.20 元
3 岁	20 000 元	0	0	0	0	59 742.80 元
18 岁	0	12 000 元	0	12 000 元	12 000 元	95 982.00 元
19 岁	0	12 000 元	0	12 000 元	24 000 元	87832.80 元
20 岁	0	12 000 元	0	12 000 元	36 000 元	79367.40 元
21 岁	0	12 000 元	0	12 000 元	48 000 元	70561.40 元
30 岁	0	0	100 640 元	100 640 元	148 640 元	0

如上所述的年金险，总计投入 6 万元（20 000×3），在孩子 18 ~ 21 岁可以领取教育金总计 4.80 万元，足够孩子四年大学费用及一部分生活费。同时在孩子 30 岁时，可一次性领取满期金 100 640 元。

案例故事　分红年金险

又到年底了，朋友圈各种商品都在优惠促销，包括保险。最近章先生的老同学给他推荐一款理财分红年金险，还告诉他这一款年金险很火热，朋友针对章先生的预算及需求，制定了一份投保方案，具体如下：

（1）投保详情

章先生 30 岁，可以选择年交保费 9 480 元，交费期限为 10 年，保额为 9 000 元，年金领取方式为年领。被保险人和受益人都是他自己。

（2）产品特色

该年金险适合于 0 ~ 60 岁的人群，保障至终身，保额 1 000 元到

500 000 元, 年年领取、终身领取、身故保障、保额增长、保单分红等。

（3）保险责任

在保险期间, 他享有如下的保险利益。

①生存金: 自本主险合同第 5 个保单周年日开始, 每年到达保单周年日时生存, 每年领取 2 615 元至终身。

②身故金: 若被保险人于保险期间不幸身故, 身故金为所交保险费减去截止到身故之前最近的保单周年日累计应领生存金的余额与现金价值的较大者。

③分红: 在保单有效的前提下, 每年以分红报告为准。

（4）收益演示

该产品的收益可以从当年生存金、累计生存金和生存总收益等方面去分析。

①章先生投保的前两个年度, 收益如表 4-4 所示。

表4-4　收益演示

年　　度	项　　目	低档收益（元）	中档收益（元）	高档收益（元）
1	当年生存金	0	0	0
	累计生存金	0	0	0
	生存总利益	4 200	4 286	4 350
	身故总利益	9 480	9 566	9 630
2	当年生存金	0	0	0
	累计生存金	0	0	0
	生存总利益	9 722	10 007	10 221
	身故总利益	18 960	19 245	19 458

②章先生从第五个年度开始领取生存金, 收益如表 4-5 所示。

表 4-5　收益演示

年　度	项　目	低档收益（元）	中档收益（元）	高档收益（元）
5	当年生存金	2 615	2 615	2 615
	累计生存金	2 615	2 615	2 615
	生存总利益	31 240	32 944	34 222
	身故总利益	47 400	49 104	50 382

③当章先生活到 105 周岁时，可以享受最高档收益下的当年生存金为 2 615 元、累计生存金为 185 665 元、生存总利益与身故总利益为 552 756 元。

如上的收益演示是基于章先生每年的红利、生存金均采用累积生息的方式领取的前提，但上述利益演示是基于保险公司估算及其他假设，不代表保险公司的历史经营业绩，也不代表对未来经营业绩的预期。

红利分配是不保证的，在某些年度红利可能为零，实际分红情况以保险公司实际经营状况为准。

上述的年金保险每年领取生存金，领取的金额除了固定金额之外，还享受分红及红利累积生息。

该分红险的年金包括了定时和定额领取，而前面的少儿分红险则不仅定时定额，还包括了一次性地领取满期金，两者各有优劣。

❷ 年金险怎么配

年金险根据不同的分类标准，可以分为不同的类型。那么多年金产品，我们该如何配置呢？

（1）明确需求

首先，我们需要明确自己购买年金险的目的是什么，是作为理财工具、孩子教育金还是自身将来的养老金。我们可以简单地将年金险归类为短期型、快返型和养老型。

短期型的年金，保险期间比较短，如6年、10年和15年，保单购买第二年度就可以实现分红，适合用来短期理财，收益稳定且风险较低。

快返型的年金险，可以用来长期理财、强制储蓄、积累教育金等，返还期限很短，一般在保单5年后就开始返还保费，每年领取生存金及到期一次性领取满期金。

养老型的年金险，一般具有养老和强制储蓄的功能，在规定的时期内开始领取养老金，和社保养老金领取类似，但是领取的金额不同。

（2）收益细算

有的年金险带有分红，在收益中就会体现高中低的收益，所以业务员在给理财者演示收益的时候，需要按照低、中、高三档收益水平来演示。如果业务员告诉你一档收益，你可以询问另外两档收益如何，一般是将中档收益作为一定的参考标准，但是也不能作为未来收益，因为保险公司每年的分红收益是不确定的。

一般年金险会有预定利率或者是保底利率，是保险公司承诺的收益，利率越高，收益越高。但银保监会规定，不参加分红的年金险，一般预定利率不能超过4.025%，但预定利率不等于实际利率，具体以保险公司给付的实际收益为准。

（3）资金投入

购买年金险的方式，如果是一次性交费，那么需要确认该笔资金是暂时不用的闲置资金，确保在投入该笔资金后，不会对现在的资金链产生影响，更不会影响自己的正常生活。

如果是分期交费，则要考虑后续交费能力，交费要具有可持续性，特别是如果月交保费较多的情况。

（4）缴费期短

在经济允许的范围内，交费期一般越短越好。交费期越长，不确定性越大，未知的风险也越大。

（5）适合人群

年金险一般适合具有足额保障、理财需求、强制储蓄的个人或者家庭。

（6）量化定制

在交费时间、交费期限、领取方式、保障期间、产品选择等方面，个人或家庭都可以从实际出发，针对自身需求，自由定制。要注意在产品选择上慎选即交即领型年金保险产品，这种产品收益和现值都较低。

年金险和社保养老金具有同样的功效，活得越久领得越多。如果注重养老质量，就还需要重点增加年金的领取金额或者看产品是否具有保证领取期或剩余年金指定受益人，避免因为生存期不长而使得领取的养老金较少。

当然在配置年金险时，不能只关注产品本身，选对保险公司同样很重要，如何选择一家适合的保险公司，请回顾前面章节。

4.3　风险——年金理财需注意

年金险作为一种理财产品，虽然具有一定的理财收益，但同时也有一定的理财风险，如何规避年金保险的理财风险呢？注意事项捋一捋。

① 年金保险优缺点

有人说年金险作用不大，有人说年金险是一款很好的理财产品，那么年金险到底有没有用呢？

"万事万物，存在即合理"，人们对年金险褒贬不一，除了因为自身的需求不同之外，还可能因为年金险优缺点的存在。

首先，我们来聊一聊关于年金险的优点，主要可以归结为如下五个方面：

◆ 安全性

保险产品的本质是针对未来风险的投资，是为未来会给家庭带来经济损失的一些风险购买保障，同时获得一定的收益，而年金险相比于其他理财产品，相对更具有安全性。

◆ 强制储蓄

年金险可以像定投一样每月投资，如选择每月交费 500 元，从第二年开始领取年金，交费 3 年，保障 10 年，类似于储蓄。但是因为收益具有多样性的特点以及基本的保障功能，总体来说，收益高于储蓄，可以帮助工薪族每月控制消费，强制储蓄，同时实现开源节流。

◆ 复利收益

银行的活期利息一般都是采取单利计算，而年金险的收益有的采取分红计算，有的采取复利计息。采用复利计息时，如果投资的时间很长，收益很可观。

◆ 保单现金价值高

年金保险的保单现金价值会随着年限的增长而增长，就像我们常说的，被保险人生存越久，总的领取的年金也越多。同时在急需用钱的时候，还可以通过保单贷款，解决资金困境。

◆　晚年生活品质保证

社保养老可以解决我们的晚年基本生活，但是年金险的年金领取，能使我们的晚年生活品质不下降。

年金险虽有这么多优点，同样存在一定的缺点，简单归结如下：

（1）保费相对贵

现在市场中年金险大多万元起步，根据不同的险种及交费期限，要想获得不低的生存金，总计下来，保费有点贵，所以在选择险种时，要考虑长期的持续交费能力，如 10 年或者 15 年。对于一般工薪族来说，如果重在理财，可以选择短期交费，月交保费较低的险种。

（2）利率演示不等于实际利率

一般年金险同样会具有利率演示，但一般是保险公司根据过往业绩的一种预测，非实际利率，更非实际的保底利率。此外，有的年金险具有分红性，到期年金领多少要根据分红大小及合同约定计算。

（3）投资周期长

就像我们的养老保险，规定需满足一定年纪才能领取养老金，有的年金保险的领取时间也较晚，如购买 20 年或者 30 年以后才能领取年金。所以投资期限较长，资金被占用的时间也较长。

年金险并不适合所有人，它适合追求一份长期稳定安全的收益、具有明确的养老计划、具有一定闲置资金的个人和家庭。

❷ 火热年金选不选

最近你的朋友圈有没有出现这样的保险推荐："我一般不推荐产品，

但这款年金产品确实很靠谱，3年交，5年领，10年期满，终身锁定利率，一辈子受益。"这样的年金产品好不好呢？

从各大保险公司的主打产品来看，很多保险公司的年金保险都以这种形式为主，产品投资期限短、收益高、领取时间长等，有的保险公司为了吸引客户还会表明限量抢购，如只限5份等。那么这样的年金险到底好不好呢？

案例故事 火热年金险特点分析

李女士最近被朋友推荐了一款火热年金保险理财产品，具体如下：

（1）产品特色

三年/五年交，10年满期；固定领取，安全有保障；理财账户终身增值；急需资金时可保单贷款或提取账户价值。

（2）投保详情

李女士可选择年交保费10 000元，交费期间为3年，基本保额为3 411元，保障期限为10年。

（3）保障利益

在保障期间，李女士享有如下收益。

①生存金：自第5个保险单周年日起，保险公司按本合同的年交保险费与生存保险金给付比例的乘积给付生存保险金。其中生存保险金给付比例为：当交费期限为3年时，生存保险金给付比例为60%；交费期限为5年，生存保险金给付比例为100%。李女士每年可领取生存金为6 000元。

②满期金：如果被保险人在本合同期满日生存，保险公司按合同的基本保额给付满期保险金，合同终止。李女士可领取的满期金为3 411元。

③身故金：如果被保险人身故，保险公司按合同的年交保险费与被保险人身故时保单年度数或交费年期数较小者的乘积给付身故保险金。

④理财账户价值：其中账户价值为已累计交纳的保费或者根据相关约定转入账户的保费之和，并且账户价值随着保费的增加或者转入保费金额增加而增加。当提取账户部分价值后，账户价值余额按照实际提取的金额

以及按照约定收取的部分提取费用总和等额减少。

其中有效保额为保单账户价值和基本保险金额乘给付系数的较大者，而被保险人的生存年龄决定了给付系数大小，如表 4-6 所示。

表 4-6　给付系数

被保险人身故时年龄	给付系数
0 ～ 17 周岁	100%
18 ～ 40 周岁	160%
41 ～ 60 周岁	140%
61 周岁及以上	120%

同时，生存金或者满期金进入理财账户，每月复利计算，享有保证结算利率 2.5% 以上的浮动增值，如遇资金困难时还可以申请提现。

⑤保单贷款：当李女士有资金需求时，可享有保单贷款的权益。

朋友推荐给李女士的年金险，本质是年金险与其他险种的组合，兼具年金险与其他险种的保障收益。年金保险作为保险公司开门红的一种产品，近年来受到消费者青睐，但随着我国对保险行业的整顿管理，规定对于年金产品，生存金的给付至少在 5 个保单年度之后，且给付比例不得超过保费的 20%，所以对于多种年金产品，要综合分析是否值得购买。

❸ 企业年金怎么领

作为工薪一族，企业一般都会给员工购买"五险一金"，但有的企业则会给员工购买"五险两金"，除了住房公积金之外，剩余的一金就是企业年金。那么企业年金怎么买？用来干什么？投资收益有没有……

首先，我们来看一看 A 企业的年金细则。

案例故事 A企业的年金细则查看

张先生所在的A企业是一家基金公司，公司给员工都买了五险两金，其中关于企业年金还制定了相关细则，具体如下：

（1）参加人员

根据细则规定，年金的参加人员要满足的条件如下：

①与本单位订立劳动合同并试用期满。

②试用期职工在转正次月起享受。

③依法参加企业职工基本养老保险并履行缴费义务。

凡是符合上述参加条件的职工，从符合条件的次月起自动加入本细则，符合条件但不同意加入本细则的职工，应在符合条件后的下一次发薪日前提交书面《职工放弃参加企业年金声明》，经单位备案后不加入本细则。

（2）退出年金

如果职工要退出该细则，需要满足如下的条件：

①职工与本单位终止或者解除劳动合同。

②职工达到本方案规定的企业年金待遇领取条件。

③其他。

一般职工达到退出条件后，单位会停止其企业年金缴费，按照相关细则处理职工的个人账户或者支付企业年金。

（3）职工的权利与义务

根据细则规定，关于企业年金，职工拥有如下的权利和义务：

①了解、查询企业年金个人账户的权利。

②职工对于个人账户中已经归属的权益拥有所有权。

③在满足相应的条件后，职工享有领取企业年金的权利。

④如遇突发事件，职工个人可以申请中止个人年金缴费，然后满足条件的可以申请恢复缴费。

⑤职工与单位解除或终止合同，职工企业年金的个人账户拥有转移或

者保留的权利。

⑥职工拥有授权单位从职工工资中代扣代缴个人缴费的义务。

⑦职工拥有授权本单位按照国家相关规定代扣代缴个人所得税的义务。

⑧职工拥有选择受托人并签订受托管理合同的义务。

⑨职工拥有授权本单位代表职工对企业年金计划进行管理监督的义务。

⑩职工拥有及时提供自身相关信息变更的义务。

（4）年金缴费

企业年金所需费用由单位和职工共同承担。其中单位缴费按照国家有关规定执行，单位年缴费总额为上年度工资总额的 8%，按照职工个人缴费基数 6% 分配至职工个人账户，剩余部分记入企业账户，职工个人缴费为上年度工资总额的 2%。

（5）账户管理

企业为在职员工开设企业年金个人账户，个人账户下设单位缴费子账户和个人缴费子账户，分别记录单位和职工个人的缴费及投资收益。同时建立企业账户记录暂未分配到个人账户的单位缴费和投资收益。

职工与本单位终止、解除劳动合同，新就业单位已建立企业年金的，其个人账户权益应当转入新就业单位的企业年金计划管理；新单位无年金计划管理的，作为保留账户在本单位年金计划中继续管理并收取一定的账户管理费，费用从职工个人账户中扣除。

只有当职工领取完其个人账户资金、职工身故且指定受益人将其个人账户余额全部领取完毕、个人账户转移到新单位的年金计划中，个人账户才将被注销。

（6）权益归属

职工的企业年金个人账户中个人缴费及投资收益自始至终归属于职工个人；未归属于职工个人的企业缴费及其投资收益，记入企业账户。在本单位工作的时间不同，权益归属的比例不同，如表 4-7 所示。

表4-7　权益归属

权益归属核算时点	N（工作年度）	归属比例
职工与本单位解除劳动合同	N<5 年	0%
	5 年 ≤ N<7 年	60%
	7 年 ≤ N<8 年	80%
	N ≥ 8 年	100%

其中如在企业年金实施细则终止、达到法定退休年龄、劳动合同期满、解除劳动合同等情形下，权益归属仍然是100%。

（7）年金收益

职工的企业年金主要以基金的形式进行管理，而年金基金主要包括三大部分：单位缴费、职工个人缴费、投资收益。

本细则所归集的企业年金基金，由公司委托受托人进行受托管理，并签署企业年金基金受托管理合同。由具备企业年金管理资格的托管人、账户管理人、投资管理人提供统一的相关服务。

其中企业年金基金的投资收益，根据企业年金基金单位净值，按周或者按日分别记入个人账户和企业账户。

企业年金基金管理运营的所需费用按照相关法律法规及合同条款执行，正常账户的账户管理费由本单位缴纳，退休职工个人账户的账户管理费由个人承担，其他费用由本单位和个人共同承担。

（8）年金支付

一般当企业的职工符合下列条件之一时，可以享受企业年金待遇。

①达到国家规定的退休年龄。

②经劳动能力鉴定委员会鉴定，因病（残）完全丧失劳动能力。

③退休前身故。

当职工达到领取条款，可以根据个人账户余额，按月、按期或一次性地领取企业年金的个人账户资金，也可将个人账户资金全部或者部分用来购买商业养老保险。

与保险一样，职工年金同样需要指定受益人。没有指定的，默认法定继承人为受益人。

（9）申请年金

满足条件可参加公司年金计划的职工，需要填写申请表或者放弃年金的声明，如图 4-1 所示。

职工参加企业年金申请表

申请人姓名	
申请人身份证号码	
本人已认真阅读并同意接受《███投资集团股份有限公司企业年金实施细则》，申请参加公司企业年金计划。 申请人： 　　　　年　　月　　日	
单位 意见	经审核，该职工符合参加企业年金的条件，同意其参加企业年金计划。 签字（盖章）： 　　　　年　　月　　日

图 4-1　年金申请表

放弃声明与申请表类似，这里不重复说明。

通过 A 企业的年金细则可知，企业年金的本质就是企业对员工的一种养老规划，在职员工可以申请或者放弃。那么企业的年金到底要不要买？

职工配置年金可以提高工资收入、减少所得税、增加养老金。因此职工可根据自身情况选择购买。

◆　提高工资收入

年金一般是以单位和个人缴费为主，虽然是扣去了一部分工资，但是职工每月所缴纳的年金和企业以一定比例缴纳的金额都会积累在职工年金账户中，并且归属于职工个人。如职工每月缴纳 120 元，企业缴纳 300 元，那么职工的个人年金账户就会累计 420 元。

如张先生月薪 6 000 元，他参加了公司的年金计划，具体详情如表 4-8 所示。

表 4-8　权益归属

缴费情况	个人缴费	企业缴费
平均月收入	6 000 元	
缴费比例	2%	5%
30 ～ 59 岁	1 440 元 / 年	3 600 元 / 年
30 年累计缴费	43 200 元	108 000 元
总缴费	151 200 元	

如上表所示，个人缴费和企业缴费的这部分资金都将按照合同规定，按比例进入企业年金的个人账户。除此以外，因为年金是以基金的形式管理，30 年获得的投资收益也将进入职工的个人账户。无论是个人缴费、企业缴费还是基金投资收益，对于职工来说都是变相地增加了个人的工资收入。

◆　减少个人所得税

企业和个人在计算应纳税所得额时，准予扣除一定比例的企业年金缴费金额。根据我国的企业年金管理办法和纳税政策，企业年金由企业和职工共同缴纳，缴费比例是弹性的，由企业和职工在规定的范围内协商确定。所以职工参加了企业的年金，是能合理节税的。

◆　增加晚年收入

一般具有企业年金的在职员工，在单位工作时间超过 8 年，个人账户中的企业缴费及投资收益 100% 归属于职工个人。达到法定的退休年龄时，可以一次性或者按期领取年金。如张先生到退休，除了领取基本的养老金之外，还能领取一部分企业年金，增加晚年收入。

企业年金是在国家政策指导下，由企业根据自身经济状况，在参加基本养老保险的基础上建立的补充养老保险制度。

关于企业年金，我们要弄懂几个问题。

（1）企业年金如何缴

首先，职工要拥有基本养老保险，然后企业根据自身情况确定年金制度。年金与社保一样，由企业和个人共同缴费。企业年金主要由企业缴费、个人缴费、投资收益组成。

其中企业缴费每年不超过本企业职工工资总额的 8%，企业和职工个人缴费合计不超过本企业职工工资总额的 12%，具体费用由企业和职工进行协商。如果在年金的运行过程中，企业因倒闭、重组、亏损等不能继续缴费，经与员工协商后，可以中止缴费；当企业经营好转，可以恢复缴费，根据企业的实际情况等，进行补缴。补缴的年限和金额不能超过实际中止缴费的年限和金额。

（2）企业年金都是个人的吗

企业的年金分为职工个人账户和企业账户。个人账户中的个人缴费和投资收益都归属于个人，企业缴费及投资收益是否归属于个人则需要和公司进行约定，如 A 企业中，职工在公司工作达到一定的期限、职工达到退休年龄、非职工过错的解除劳动合同等情形下归属于个人。

（3）换工作了，年金怎么办

如果新单位有年金管理计划，就将相关账户进行转移；如果无计划，就继续留在原单位，个人账户上的资金由原管理机构继续管理运营。

（4）年金怎么领

一般年金满足一定的条件就可以领取，具体可参考 A 企业的细则说明。

企业年金缴费是企业和个人双方承担的，并且企业承担较大部分，所以是否参加企业年金，需要先了解企业是否建立了企业年金管理计划，再考虑是否申请。

此外，企业年金和年金保险是有区别的，具体如表 4-9 所示。

表 4-9　企业年金与年金保险的区别

项　　目	企业年金	年金保险
本质属性	企业年金是企业及其职工在依法参加基本养老保险的基础上，自愿建立的补充养老保险。一般企业都会建立年金管理计划来运作	年金保险约束的是个人与保险公司的，是否投保及投保多少，完全取决于投资人自己
缴费方式	一般当企业职工满足参加企业年金计划的条件时，费用由企业和职工按照工资的一定比例缴纳，个人缴费金额是由企业从个人的每月工资代扣代缴的	年金保险的费用是投保人选择年金保险后，直接将费用交到保险公司，缴费多少根据保额、险种、缴费时间等确定
领取方式	企业年金的领取，不同的企业规定不同，年金的领取需要满足一定的条件，领取多少与个人账户余额、领取方式、企业等相关	年金保险的领取方式比较灵活，年金领取多少与年金保险的保额、领取方式、保险合同约定等相关

除了如上表所示的区别，企业年金和年金保险在是否以盈利为目的、产品规范、经办管理机构等方面也是具有差异的。

第 5 章

储蓄好"姐妹"
中配万能险

      银行储蓄相对其他理财产品，一直以来都是最稳定、最安全的理财方式，但相对来说收益一般，而且长期的抗通胀的能力较弱。那么有没有一种保险理财，像银行储蓄一样安全可靠、收益稳定，抗通胀的能力也还不错呢？

      当然有——万能险，如何配置万能险，本章简单分析。

5.1　万能险，万能吗

万能险是不是适合所有人？万能险的市场及前景在哪里？万能险有没有优缺点？万能险投入多少成本最合适……

想要配置万能险，首先从了解万能险入手。

❶ 万能险最适合哪类理财者

万能险的本质是寿险，不过同时也是理财险，除了具有寿险的基本保障功能外，通过保险公司给投保人设置投资账户，并对其进行一定管理运作，还能使投保人获得相应的投资收益，保单的价值与投资账户的业绩相关。

万能险是一种具有保费交纳的灵活性、身故给付的可调整性、非套装性等特点的保险产品。

一般保险公司还会对推出的万能险设置一个保证利率，超过保证利率部分的投资收益，保险公司和客户按照一定的比例分享。

万能险的风险处于分红险和投连险之间，保费一部分用于保障，一部分进入投资账户，具体比例根据合同约定。万能险投资账户的资金主要由保险公司代为管理，理财收益上不封顶并设置最低的保证利率。

万能险之所以"万能"，是因为相对于其他的理财保险其更加灵活，具体如下所示。

◆　交费灵活

万能险在交费一定时间后,如投保人资金周转困难,可以申请缓交保费,但是保险合同仍然有效。此外,万能险交费灵活的关键在于投保人在交纳一定量的首期保费后,可以根据自己的实际情况选择任何时候缴纳任何数量的保费。另外,如果保单的现金价值足以支付相关费用,投保人还可以不用交费,保单继续有效。

◆　保额可调性

投保人可以根据自身的需求以及支付能力,自主选择保额,并且能随时调整保额的大小,来满足自身保障及理财需求。

◆　保证预期收益

很多万能险会向客户承诺保证利率,在保证利率之上的收益,由保险公司和客户共享。

由此可见,万能险一般适合的人群简单总结为以下五类,仅供参考。

①收入持续稳定的人群。

②具有理财需求的人群。

③具有一定的理财及风险意识,但是时间、精力、专业知识欠缺的人群。

④处于创业期、经济压力很大、缺乏足够保障的人群。

⑤其他。

总体来说万能险,越早购买越好。首先,年纪越大,带有重疾保障的万能险,被保险人的体检越不容易通过;其次,年纪越大,需要交纳的保费就越高;然后,在不考虑其他因素下,年轻人的风险承受能力相对高于中老年人。万能险除了保证收益,还存在一部分浮动的投资收益,同样也存在一定的投资风险。最后,越早购买,保额可调整的范围越大。

② 万能险两大类产品要分清

万能险根据投保人的需求，一般常分为重保障型和重投资型两大类产品，在保障、保额、保费、收益等方面都有明显的差别。

案例故事 重保障型万能险查看

30 岁的刘先生在收到朋友的问候之余，还收到了两份保险理财方案。刘先生仔细对比了一下，一份重在保障，一份重在理财。刘先生对保障类的比较感兴趣，具体如下：

（1）产品特色

3 年或 5 年交费，固定领取，安全稳健，万能账户终身增值，保单可贷款，账户可提现，资产流动性好。

（2）投保配置

刘先生可选择年交保费 30 000 元，交费 3 年，保障期限终身，万能账户最低保证利率 2.5%。

（3）保障内容

刘先生在保险期间可享有的保障如下所示。

①基本保额：10 000 元。

②生存金：自保险合同第 5 个保单周年日零时起，到第 9 个保单周年日零时止，如果被保险人在此期间内的每个保单周年日零时生存，生存金＝合同的年交保费 × 生存保险金给付比例。其中生存保险金给付比例根据交费期限不同而不同，当交费期限为 3 年时，生存保险金给付比例为 60%；当交费期限为 5 年时，生存保险金给付比例为 100%。

③奖励金：如果被保险人在保险合同的第 10 个年度生存，可一次性领取与保额相等的奖励金。

④身故金：如果被保险人身故，身故金＝年交保费 × 被保险人身故时保单年度数或交费年期数的较小者，同时保险合同终止。

⑤万能账户：账户价值最开始来源于投保人所交的保费或转入的一定比例的保费。根据投资收益的变动，账户价值也会发生变动。如遇资金困难，还可以申请提取一部分价值，具体比例需要和保险公司进行约定。

（4）收益演示

刘先生在保险期间可享有的收益如下所示。

①在 5 ～ 9 个保险年度，每年领取 1.8 万元，共计 9 万元。

②在保单的第 10 个年度，领取奖励金 1 万元。

③如果生存金和奖励金从未领取，直接进入万能账户，则利益演示如表 5-1 所示。

表 5-1   利益演示

单位：元

年　度	转入保费	初始费用	进入万能账户金额	持续奖励	账户价值		
					低 收 益	中 收 益	高 收 益
5	18 000	180	17 820	—	17 820	17 820	17 820
6	18 000	180	17 820	—	36 081	36 437	36 704
10	10 149	101.49	10 048	900	106 867	112 736	117 343
75	—	—	—	—	531 497	1 970 970	5 181 742

刘先生的身故金同样按照高中低收益领取，如刘先生 80 岁身故，身故金对应高中低可领取 120.7 万元、65.6 万元、28.7 万元。

如上万能险的收益演示仅代表保险公司的估算假设，低档收益一般视为保证利率，但上述演示不代表公司历史经营业绩，也不能代表未来预期，在保证利率之上的收益是不确定的，实际收益可能高于高收益演示，也可能低于低收益演示，具体以实际收益为准。

（5）保单贷款

刘先生在保险期间，若有资金需求，可根据合同约定的比例进行保单贷款，在贷款期间，刘先生仍享受相关保障收益。

案例故事 重投资型万能险查看

　　李女士每月的银行卡或者微信里总会闲置一些零钱，她平时做一些基金定投，剩余的金额，她也打算利用起来，抑制自己进行一些不必要的消费。同事张女士告诉她，她最近购买了一款理财保险，门槛很低，1元起投，收益稳定还安全，李女士可以尝试一下，在张女士推荐的保险公司官网中，李女士看到该款保险的详情如下：

　　（1）产品特色

　　1元起投，资金灵活，资金安全有保障，保底收益2.5%，保单贷款，身故可传承。

　　（2）投保配置

　　保费为1元、2元、3元等1的倍数，随时可追加，一次性交费，保障期限终身，万能账户最低保证利率2.5%。

　　（3）收益演示

　　李女士在保险期间可享有的收益如表5-2所示。

表5-2　收益演示

单位：元

年　　度	年　　龄	年交保费	账户价值		
			低 收 益	中 收 益	高 收 益
1	31	200	198.89	202.77	205.68
2	32	0	205.94	214.06	220.25
3	33	0	211.09	223.69	233.46
30	60	0	419.03	747.58	1 145.79
35	65	0	474.09	931.63	1 533.33
50	80	0	686.62	1 802.96	3 674.72
60	90	0	878.94	2 799.94	6 580.86
75	105	0	1 272.96	5 418.67	15 771.42

如上万能险的收益演示仅代表保险公司的估算假设，低档收益一般视为保证利率，但上述演示不代表公司历史经营业绩，也不能代表未来预期，在保证利率之上的收益是不确定的。

（4）保障内容

李女士在保险期间可享有的保障如下所示。

①身故金：若被保险人身故，保险公司按身故保险金申请日的保单账户价值或已交保险费两者中的较大者给付身故金。

②年金：首次年金领取日在本合同生效满五年之后。年金按保单账户价值 × 给付比例或按约定的给付金额确定，其中保单账户的价值随着领取的年金等额减少，在每个保单年度给付的年金或部分领取额总计不能超过已交保险费的 20%。

对于如上的重保障型和重投资型的万能险，两者各有优劣，具体选择哪一种，需要根据自身需求、支付能力、资金预算等综合分析。

❸ 万能险的利与弊

与其他理财产品一样，万能险有一定的优势，但同时我们也要看到其劣势。首先看万能险的优势，可以从保障功能、中止交费、抗通胀、交费、提现、费用等说明，简单总结如下，仅供参考。

◆ 保障功能的灵活性

一般万能险会附加一些意外、医疗、重疾等险种，在实现投资收益的同时，实现保障的全面性。

◆ 可申请中止交费

一般投保人在配置保险后，如果是期交保费，都需要按时交费。如果因为意外情况，没有如期交纳保费，一定要注意保险的交费宽限期，如果过了宽限期还无法正常交费，保险一般会进入中止期，同时保险合同中止。

但是万能险没有宽限期的说法，因为投保人在交纳一定的保费后，可以自由选择任何时候交纳任何等于或高于期交保费的保费，甚至在临时交费困难时，可以申请中止交费，但是保险合同仍然有效。

◆ 抗通胀的能力强

如果出现通货膨胀，而保单的利率是固定的，保单的价值就会缩水。但万能险不仅有保险公司承诺的保证利率，还有一部分浮动的投资收益。总的来说，万能险的理财收益不是固定不变的，这在一定程度上能很好地抵御通货膨胀对收益的影响。

◆ 随时追加保额

相对于其他的保险产品，万能险在投保人支付了初期的最低保费后，可随时追加保额，增减保费，同时在持有期间，投保人还可以根据每年的收益情况决定是否需要追加投资。

◆ 可随时提现

相对其他的保险产品的投资期限、资金占用时间长、资金流动性差，万能险更灵活，例如，投保人可随时灵活支取万能险投资账户的资金，并不影响保单的有效性，但要注意支取的现金不能超过账户资金，这比一般的保单贷款更划算，因为不用支付贷款利息。

◆ 费用透明

万能险的费用很清晰明了，保费中扣除的初始费用、成本、进入投资账户的金额都有明确的说明，一般保险公司还会每月或每季度进行保单账户的价值核算，并公布当期的结算预期年化利率。

当然，万能险并不是完美无缺的，它也有一定的弊端，常见的弊端如下所示。

◆ 实际收益有风险

我们看到的万能险的演示收益都非实际收益，实际收益可能会超额也可能会有折损，只有万能险的保底收益是稳定的，但是高于保底收益的部分是不确定的，所以万能险实际收益是具有一定的风险的。

◆ 投资收益长期性

万能险一般适合中长期持有，因为前期账户的投资收益会抵销一部分成本及费用，所以只有持有一段时间后才会具有明显的收益。

◆ 前期退保损失大

因为万能险在前期会扣除初始费用、手续费、管理费等，前期保单的价值会很低，如果此时退保，投保人损失会很大。

◆ 不适合人群

万能险的保额实行的是自然费率，保费随着被保险人的年龄增加而增加，且万能险只有通过长期持有才能具有明显的收益，所以 50 岁以上的人群不适合，因为保费高出的比例可能超过收益。

万能险具有"万能性"，同时更具有利与弊，如何配置万能险，投资时应从保额、保费、预算、收入、风险等综合考虑，后面我们将详细说明。

5.2　万能险理财收益有多大

配置万能险不仅为了获得基本保障，更是为了获得一定的理财收益，那么万能险的理财收益与分红险、年金险的理财收益有多大区别？一次性投入和分期投入，收益孰大孰小？

① 计算理财收益率

万能险的利率一般用年化利率表示，且在每月或者每季度对应日结算收益，账户价值按日利率月度结算，并按月复利累计。

案例故事 万能险的收益及费用计算

刘先生购买了一款万能险，购买以来业绩表现良好。当刘先生知道张先生对万能险感兴趣时，便将该款产品推荐给了张先生，具体如下：

（1）产品详情

产品的详情可以从起投金额、最低保证利率、收益起算日、保险期间、投资方向、初始费用、退保费用、保单现金价值等说明，如表5-3所示。

表5-3 产品详情

项　目	明　细
投保起点金额	起点为1 000元，超出部分以1 000元的整数倍递增
历史年化结算利率	5%（仅为过往情况，不代表未来收益）
最低年化保证利率	2.5%
收益起算日	T（投保日）+1天
保险期间	5年
收益方式	一次性返还（投保金额＋收益）
投资方向	投资标的包括债券、存款、基金、股票及其他法律法规允许的投资工具
犹豫期	20天
初始费用	初始费为0，且无保单管理费和风险保费
退保费用	犹豫期内退保无费用，第一个保单年度退保收取保单账户价值的3%作为退保费用，以后年度退保无费用
保单现金价值	保单账户价值与退保费用之间的差额

（2）投保详情

假如张先生投保了 10 份该产品，费用为 0 元，在保险期间，结算利率按照高中低档计算，具体收益如表 5-4 所示。

表 5-4 收益演示

单位：元

年度	低档结算利率			中档结算利率			高档结算利率		
	万能保单账户价值	现金价值（退保金）	身故金	万能保单账户价值	现金价值（退保金）	身故金	万能保单账户价值	现金价值（退保金）	身故金
1	10 250	9 943	12 300	10 450	10 137	12 540	10 600	10 282	12 720
2	10 506	10 506	11 031	10 920	10 920	11 466	11 236	11 236	11 798
3	10 768	10 768	11 307	11 412	11 412	11 982	11 910	11 910	12 506
4	11 038	11 038	11 590	11 925	11 925	12 521	12 625	12 625	13 256
5	11 314	11 314	11 879	12 462	12 462	13 085	13 382	13 382	14 051

如上表所示的收益演示，万能保单账户价值包括了转入的保费及收益。而保单的现金价值，在低档利率结算下，第一年低于投入的本金，其余年度无论是按哪一档的利率计算，都是高于本金 1 万元的。

但如上的收益演示只是作为保险公司的估算假设，不能代表未来的实际收益，只能作为投资参考。

案例中的万能险没有初始费用、管理费用、保障成本等，但市场中很多万能险在保单生效的前几个年度，投保人都需要向保险公司支付一定的费用，特别是前三年，扣除的比例还比较大，以后年度较少。在万能险执行新的规定后，各保险公司的万能险的初始费用比例下调，但首年需要交纳的初始费用仍较高。

一般万能险的最低保证利率是相对于转入万能账户的保费来说，非全部保费，至于转入全部还是一部分由投保人和保险公司进行商议。通常万能险的保费在扣除一定的成本和费用后，按照一定的比例转入投资账户计算投资收益，实际账户收益可高可低。

李先生一次性交纳保费 1 万元购买万能险，和保险公司约定扣除初始费用 750 元后，剩余金额都转入万能险的个人投资账户，保险公司的保底利率为 2.5%，五年后，个人账户价值为 10 465 元，特别奖励 523 元，账户总价值为 10 988 元，五年投资收益为 988 元。

此外，一般保险公司会按期公布当月的年化利率，便于人们了解当月的投资收益情况，投资标的的收益表现不同，每月公布的年化利率也会存在一定的差异，所以不能将某月的年化利率作为一整年的年化收益率。

不同的保险公司公布的年化利率方式不同，有的在月初公布上月的年化利率，有的公布当月的年化利率，有的甚至公布的是当月账户的日利率。当然有的公司可能会公布产品的保证利率和当月的浮动利率。

无论是年利率还是日利率，都需要进行一定的转化，如年化利率 = 日利率 × 当年的总天数。一般保险公司都会在官网进行利率公布，如图 5-1 所示。

万能险公告		投连险公告		
产品名称：所有产品 ▾		公布日期： 🗓		查询
产品名称	**结算月份**	**公布日期**	**结算年利率**	**对应结算日利率**
人保寿险鑫福两全保险（万能型）	2020-11	2020-12-07	3.95%	0.10822‰
人保寿险鑫盛两全保险（万能型）	2020-11	2020-12-07	0.36%	0.00986‰
人保寿险鑫荣两全保险（万能型）（B款）	2020-11	2020-12-07	3.95%	0.10822‰

图 5-1　结算利率公布

从图中可以看到，在该保险公司的官网公布了所有万能险的结算年利率和对应结算日利率。不同的产品结算利率不同，在这里我们只进行了部分产品展示，具体可上保险公司官网查看。

② 如何配置万能险

和其他的保险险种相比，万能险的功能比较强大，我们该如何配置一款适合自身的万能险呢？一般可以从保险公司、交费比例、收益领取、费用及成本、收益演示等角度出发考虑。

（1）选择保险公司

想要买到一款合适的万能险，选择一家正规、专业、可靠的保险公司很重要，如何选择保险公司请回顾前面章节。

（2）明确交费比例

交费多少与保额保障、理财需求、收入、预算等相关，对于重视保障的人群可选择保障保费占比较大的万能险。对于理财或者风险承受中等的人群，可选择保障保费与投资保费比例适中的产品。

对于交费的方式，可选择一次性投入或者分期投入，具体根据自身的资金预算、利率、后期续费能力等综合考虑。

（3）注意收益领取

对于现在市场中多家保险公司推出的万能险，收益的领取方式常见包括一次性领取、年金领取、转换为养老保险等，具体选择哪一种，可根据自身的资金需求或理财配置等实际情况进行选择。

（4）注意费用及成本

一般在投保人签订保单前，最好向业务员问清楚转入万能账户需要扣除的费用项目，如初始费用、风险管理费、退保费等，明确费用项目，谨慎签单。当然，一般在保险合同条款或者产品说明书中，也会进行列示，要仔细阅读，如图 5-2 所示。该保险无各种费用，但是如果退保会收取一定比例的退保费用，在保单的第一年度退保费用比例为 3%，剩余年度退保无费用。

保险费
您投保时一次性交纳保险费的金额不应低于 1000 元，超过 1000 元部分必须为千元的整数倍。

费用明细
████████不收取初始费用、保单管理费及保障成本。
退保费用：您在解除保险合同时我们会收取相应的退保费用。退保费用为保单账户价值乘以退保费用比例。退保费用比例具体见下表：

保单年度	1	2	3	4	5
退保费用比例	3%	0%	0%	0%	0%

图 5-2　费用明细

（5）看清收益演示

一般业务人员在介绍产品时，对于万能险的收益都会进行高中低档的结算利率演示，但是该利益只是保险公司估算假设的，非实际收益。在演示时，最好询问业务员关于该产品高中低档的收益，自己甚至可以粗略计算一下，看账户的年度价值变化，同时还可以了解一下关于该产品的历史收益率，避免被高额的演示利率数字误导。

（6）读懂保险条款

对于万能险的保险条款，我们可以从保额、保险责任、保险期间、保单运作、保险金的领取、退保、其他事项等着手，每一条款都要读懂，特别是关于保单的运作，如图 5-3 所示。

❸	保单账户的运作 这部分讲的是保单账户是如何运作的。	
3.1	保单账户与保单账户价值	我们于本主险合同生效日设立保单账户，用于记录本主险合同的保单账户价值。 在本主险合同保险期间内，保单账户价值随着保险费、保单利息计入保单账户而增加。 保险期满、被保险人身故或现金价值退还后，保单账户终止。 在本主险合同保险期间内，我们每年会向您寄送保单年度报告，告知您保单账户价值的具体状况。
3.2	保单利息	每月第 1 日为结算日，保单利息在每月结算日或本主险合同终止时结算并计入保单账户。我们按本主险合同每日 24 时的保单账户价值与日利率计算当日保单利息，并按计息天数加总得出结算时保单利息。 在结算日结算的，计息天数为本主险合同上个月的实际经过天数，日利率为公布的**结算利率**。

图 5-3　保单运作

对于保单的运作，要考虑账户价值、保单收益、利率保证、退保费用、现金价值等，如合同签订，即开始设立保单账户用于记录账户价值的变化，同时保单的账户价值随着保费、保单利息的计入而不断增加。

（7）根据需求配置相关险种

在选择险种之前，明确自身的需求很重要。例如李女士，25 岁，有社保，想获得重疾、意外、医疗保障，同时还能获得一定的理财收益，希望每年交费不超过 1 万元，保额可以随时调整，交费自由。于是业务员给她推荐了一款很适合她的万能险，具体如下：

保额配置：保额配置主要从险种、基本保额、保险期间等说明，如表 5-5 所示。

表 5-5　保额配置

险　　种	基本保额	保险期间
万能险	－	终身
定期寿险	150 000	1 年，可投保至终身
重疾险	100 000	终身
意外伤害保险	100 000	1 年，可投保至 65 周岁
意外伤害医疗	10 000	1 年，可投保或续保 65 周岁

计划利益：计划收益主要从重大疾病保险金、身故金、意外保险金等说明，如表 5-6 所示。

表 5-6　计划利益

项　　目	明　　细
重大疾病保险金	保单账户价值的 105% 与 15 万元的较大者
身故金	保单账户价值的 105% 与 10 万元的较大者
意外保险金	在 65 周岁之前，意外身故金 +10 万元（20 万元）

意外伤残根据伤残比例给付，金额在 1 万～ 10 万元。公共交通意外则

在 2 万～20 万元。对于意外医疗，最高赔付 1 万元，门诊住院都可用，保障至 65 周岁，其次，李女士还可以享有保费豁免的权利。

费用及成本：费用及成本主要从年交保费、初始费用、保障成本等核算。如表 5-7 所示，主要展示了前 5 个年度。

表 5-7　费用及成本

单位：元

年度	年交保费	初始费用	进入投资账户金额	保障成本		
				低档利率	中档利率	高档利率
1	7 000	3 500	3 500	829	829	829
2	7 000	1 750	5 250	960	959	959
3	7 000	1 050	5 950	964	963	962
4	7 000	700	6 300	978	976	975
5	7 000	700	6 300	993	989	987

收益演示：收益演示主要展示了在不同的结算利率下保单账户价值的变化以及在保单年度末享有的保险金，如图 5-8 所示。

表 5-8　收益演示

单位：元

年度	保单年度末保单账户价值			保单年度末身故及重疾保险金			
	低档利率	中档利率	高档利率	类型	低档利率	中档利率	高档利率
1	2 725	2 813	2 862	身故	150 000	150 000	150 000
				重疾	100 000	100 000	100 000
2	7 147	7 451	7 622	身故	150 000	150 000	150 000
				重疾	100 000	100 000	100 000
3	12 355	13 030	13 415	身故	150 000	150 000	150 000
				重疾	100 000	100 000	100 000

如上的万能险配置了重疾及意外身故保障，万能账户中的资金，一部分要用于扣除每年因为保障而支付的保障成本，另一部分还要用于扣除相应的初始费用。

万能险在一定的时间后，可以将保障的保额调到最低，使保单价值最大化。一般年龄越大，需要支付的保障成本越高，而投资账户的收益不一定足够支付保障成本及其他费用，一般其高于保单价值时，保险合同会终止。

万能险在某种程度上是最便宜的健康险，在同等的保费下，相对于其他的险种，保额更高。如果保单的价值超过保额，后期扣除的保障成本也不多，等年老时，可以获得最大价值的赔付。同时每月累计复利计息的投资收益，到年老时领取的养老金也很可观。

在配置万能险时，如果不知道该如何着手，在有业务员的前提下，可以将家庭的预算、理财需求、已有保障等告知业务员，让其根据你的真实情况进行推荐或者制订一个保险配置方案。当无业务员时，可以自己做一个保险计划书，包括理财需求、保障需求、资金预算等，然后选择一家正规、合法、专业的保险公司，货比三家，配置适合的万能险。

5.3　万能险理财误区，避一避

万能险等同于银行储蓄？万能险没有投资风险？万能险收益兑现无限制？万能险无保额……

理财有风险，理财需谨慎。虽然万能险相对简单，配置也不复杂，但如上常见的一些理财误区，配置万能险时千万避一避。

首先，我们从万能险与银行储蓄说起。

❶ 万能险利率 = 储蓄利率

因为万能险有 1.75%~2.5% 的保底利率，很多人会将万能险作为银行储蓄的替代品，但两者之间具有明显的本质差别，如表 5-9 所示。

表 5-9　万能险与储蓄比较

项　　目	万　能　险	银行储蓄
产品属性	保障 + 理财	理财
计息基数	按照一定比例或者全部转入万能账户且扣除一定费用的保费	一次性存入银行账户的资金
成本及费用	常见初始费用、管理费、保障成本等	一般定期储蓄无费用
收益计算	保证收益 + 浮动收益	固定利息
利息计算	万能账户复利计息并参与投资	单利计息
产品风险	常见如利率风险、市场风险、投资风险等，风险中等	存在本息损失、货币贬值、流动性等风险，风险极低

1 万元的本金，存入银行和购买万能险的收益，谁更高一点呢？

（1）银行定期收益

假设将 1 万元的本金存入银行，当存期为 3 年和 5 年时，利息不同。

①存期为 3 年：根据当期利率，银行利息 =10 000×2.75%×3=825（元），到期本息就为 10 825 元。

②存期为 5 年：根据当期利率，银行利息 =10 000×2.75%×5=1 375（元），到期本息就为 11 375 元。

（2）万能账户收益

假设将 1 万元用来购买万能险 A，保底结算利率为 2.5%，在保单的不同年度，按照低、中、高档利率结算，收益表现如表 5-10 所示。

表 5-10　万能险收益演示

单位：元

年　　度	保　　费	保底 2.5% 结算	中档 4.5% 结算	高档 6% 结算
1	10 000	9 944.55	10 138.59	10 284.12
2	0	10 297.18	10 702.94	11 012.40
3	0	10 554.61	11 184.57	11 673.15
4	0	10 818.47	11 687.87	12 373.54
5	0	11 088.93	12 213.83	13 115.95
6	0	11 583.46	12 996.88	14 149.34
7	0	11 873.05	13 581.73	14 998.30
29	0	20 440.31	35 769.56	54 046.93
75	0	63 648.06	270 933.68	78 8571.11

如上表所示，存期 3 年和保单持有 3 年，除非是万能险账户实现中档或者高档的收益，否则收益是低于存款利息的。当存期为 5 年时，如果按照最低保证利率计算，银行储蓄收益高于保单账户收益；如果保单实现了中档或者高档收益，则保单收益高于银行储蓄。

投保人持有保单的第 29 个年度，账户收益已经实现了本金翻倍，在 75 周岁时，即使在最低结算收益下，账户价值也是本金的 6 倍多。但如上仅是保险公司的估算假设，只能作为一种理财参考，不代表实际收益，特别是中档或者高档的收益，到期实际收益可能高于这个数字也可能低于这个数字。

此外，同样的本金一万元，万能险还包括了保障利益，保障终身。如果在持有期间身故，还享有身故金；在持有期间有资金需求，还可以进行保单贷款，但银行存款的资金占用时间相对较短，资金更具有流动性，且储蓄收益是确定的，本金也更安全。所以万能险不能代替银行储蓄，万能险的利率也不等于银行利率，在理财时要分清，根据自身需求确定购买万能险还是进行银行储蓄，两者各有优劣。

❷ 万能险兑现收益无限制

关于万能险的投资收益，是不是一定很高？是不是转入后就能获得收益？是不是兑现没有限制？

关于万能险的理财收益，我们可以关注两个指标，最低保证利率和实际结算利率。最低保证利率一般在保险合同条款中就会说明，而实际结算利率只会在持有期间每月进行公布。

万能险的理财收益与保险公司的账户运作有关，如果运作效益不好，万能险的收益可能达不到客户预期，更达不到我们看到的中高档的演示数字。所以在万能险的产品说明书中，我们要明确该款万能险保单账户资金的投资去向，查看收益来源及安全性，如图 5-4 所示。

万能账户投资策略

✓ 投资策略：以资产负债匹配为原则，采用稳健投资策略，追求长期稳定的投资回报；

✓ 资产配置目标：确保万能险的保证收益，利用不同资产特性，在满足一定流动性及风险可控的前提下获取更高收益；

✓ 资产配置原则：以固定收益资产为主，加大对长久期、有稳定现金流、信用评级较高的固定资产配置；坚持价值型投资原则，追求中长期投资回报；采取积极投资策略，抓住权益市场机会；

✓ 投资工具：包括债券、存款、基金、股票及其他法律法规允许的投资工具。

图 5-4　保单运作

如上图所示，该款万能险投资账户采用稳健投资策略，追求长期稳定的投资回报。在确保保证收益的前提下，利用不同的资产属性，实现不同的投资收益，主要以固定资产的投资为主，如债券、存款等。同时采取积极的投资策略，投资如股票及其他法律法规允许的投资工具，实现多样收益。所以除了固定资产的收益之外，其他的投资收益都具有不确定性，万能险的账户收益不一定很高，也可能很低。保证利率只是保证了最低计算利率，而非保证实现高利率。

当万能账户实现了投资收益，我们是不是就可以取出来呢？并非所有的保费都能产生收益，我们交纳的保费只有在扣除了相应的初始费用及保障成本后，才会按照一定比例进入投资账户，才能获得投资收益。所以产品只有在持有一段时间后才能真正地产生收益，否则收益还不足以抵扣初始费用和保障成本，取出来也无用。表 5-11 所示为 Z 银行推出的万能险。

一次性投入本金 10 万元，在第一个保单年度，扣掉初始费用和保障成本，账户价值按照最低结算利率仅为 98 922 元，账户还未产生收益，即使第二年按照最低利率结算，收益也不高。在保单的第五个年度，才具有相对高的投资收益，此时是否要取出来就因人而异了。

表 5-11　万能险收益演示

年度	初始费用	保障成本			年末账户价值		
		低	中	高	低	中	高
1	3000	18	18	18	98 922	101 347	102 801
2	0	37	38	39	100 862	105 867	108 928
3	0	40	42	43	102 839	110 588	115 418
4	0	42	45	47	104 853	115 517	122 293
5	0	45	49	52	106 904	120 663	129 575

但如上万能险收益演示是基于保险公司的估算及其他假设，不代表保

险公司的历史经营业绩，也不代表对公司未来经营业绩的预期，最低保证利率之上的投资收益是不确定的。在实际万能险的配置中，如上的收益演示仅作为参考，不能作为实际或者预期收益。

很多人选择万能险是因为万能险能自由地领取其投资账户价值。但如表 5-11 所示，在最初的几年，账户的累计价值是比较低的，还未实现资产的增值，所以一般保险公司都会设置一些领取限制，如兑现手续费或每年兑现的金额不能超过已交保费的一定比例。如果经常领取账户价值，对于后期的投资收益是具有一定影响的，毕竟一万元的投资和一千元的投资，同等利率下，收益差别很大。

所以万能险的账户价值可自由取现，但并不是无限制地领取，有的万能险领取部分账户价值还会收取一定的费用。

❸ 万能险无保额

有人说，万能险是保险中的理财产品，重在理财，没有保额，那么万能险到底有没有保额呢？

万能险当然有保额，在前面章节我们也看到万能险在支付初始费用之外，还需要支付保障成本，而保障成本就是为了获得各种风险保障，如重疾、意外伤害及医疗等保障所需要支付的成本。

但万能险的保障项目、保障成本、保额大小等需要看具体的合同规定，一般在产品说明书中会说明，如图 5-5 所示。

1、基本保险金额

本合同的基本保险金额为保单账户价值的一定比例。该比例的取值约定如下：

到达年龄	基本保险金额比例
0-17 周岁	0%
18-40 周岁	60%
41-60 周岁	40%
61 周岁以上	20%

2、保险责任

图 5-5　基本保额

如上图所示，该万能险的基本保额为保单账户价值的一定比例，并且在不同的年龄段，保额大小不同，其中在 0 ~ 17 周岁无保额，在 18 ~ 40 周岁保额达到最高，能达到保单账户价值的 60% 以上。

因为万能险可随时追加保费，所以保费的追加会给保单的账户价值带来一定的影响，那么基本保额会不会也有所变化呢？

一般追加保费需要和保险公司进行商议，并且符合保险合同规定，如图 5-6 所示，在该万能险的产品说明书中，我们看到该万能险在犹豫期后可随时追加保费，但是追加的具体金额需要符合相关规定，即使追加了保费，但是基本保额也不能高于相关规定。

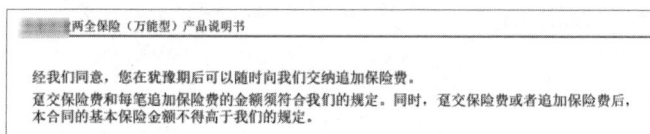

两全保险（万能型）产品说明书

经我们同意，您在犹豫期后可以随时向我们交纳追加保险费。
趸交保险费和每笔追加保险费的金额须符合我们的规定。同时，趸交保险费或者追加保险费后，本合同的基本保险金额不得高于我们的规定。

图 5-6 追加保费规定

所以，万能险的基本保额不会随着保费的增加无限增长，会有限制。同时我们如果追加保费，保障成本及初始费用都有所改变，如图 5-7 所示。

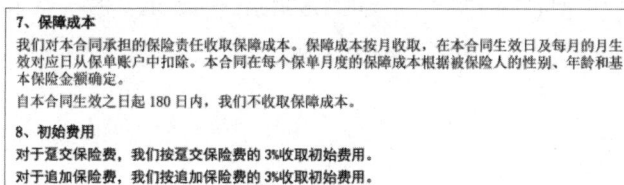

7、保障成本
我们对本合同承担的保险责任收取保障成本。保障成本按月收取，在本合同生效日及每月的月生效对应日从保单账户中扣除。本合同在每个保单月度的保障成本根据被保险人的性别、年龄和基本保险金额确定。
自本合同生效之日起 180 日内，我们不收取保障成本。

8、初始费用
对于趸交保险费，我们按趸交保险费的 3% 收取初始费用。
对于追加保险费，我们按追加保险费的 3% 收取初始费用。

图 5-7 追加保费影响

如上图所示，保险公司每月按期收取一定的保障成本，在合同规定的日期从保单账户中扣除，保障成本的大小根据被保险人的性别、年龄、保额等决定，但在该合同生效日起的 180 日内，没有保障成本。所以一旦保额发生变化，保障成本也会跟着改变。

　　此外，对于追加的保费，保险公司会按照追加保费的3%收取初始费用。所以追加保费后，保险公司还会再次收取初始费用，除非某类万能险本身就不收取初始费用。

　　因为万能险的收益具有浮动性，所以我们可能会因为实际高收益而追加保费，也可能因为实际的低收益退保。如果我们在持有一段时间后，想退保怎么办？一般在退保时只能退到保单的现金价值，且保险公司会收取一定的退保费用，如图5-8所示。

5、犹豫期退保

自您签收本合同的次日零时起，有10日[1]的犹豫期。犹豫期内您可以提出解除本合同，我们将向您无息退还已交保险费。

6、退保费用

犹豫期后您解除本合同或者部分领取保单账户价值时，我们将收取退保费用。

退保费用为我们收到您解除本合同申请书之日保单账户价值或者您申请部分领取的保单账户价值的一定比例，具体收取标准见下表：

保单年度	第1保单年度	第2保单年度	第3保单年度	第4保单年度	第5保单年度
退保费用比例	5%	4%	3%	2%	1%

图 5-8　退保费用

　　如上图所示，该万能险具有10日的犹豫期，在犹豫期内退保，无本金及其他费用损失。但是当超过犹豫期并且合同生效时，申请退保或者部分领取保单账户价值，都需要支付一定比例的退保费用，如第一个年度内退保，退保费用比例最高，为5%。以后逐年递减。

第6章

理财保障两全法
高配投连险

投连险，保险理财中的高配，相对于分红险、年金险、万能险，收益更多样，风险也更高。

那么，投连险怎么运作？收益怎么计算？账户设置有何区别？投连险风险有多大？如何选择投连险？本章浅析一下。

6.1 关于投连险，你需要知道

关于投连险，基本要素有哪些？有何特色？利弊在哪里？投资与保障功能怎么体现？市场前景怎么样……

走进投连市场，必备常识少不了。

❶ 投连险七大要素

投连险的本质是保险产品在提供人身保障的同时，还可以提供理财收益，保单的价值根据保单设置的各投资账户的投资收益来确定。

相对于其他保险理财产品，投连险会设置多个不同类型的账户，如固定收益、权益投资、基金投资等账户。每个账户投资的产品不同，收益率与投资风险也不同。

关于投连险的基本要素，一般可以从如下七个方面来说明：

◆ 投资账户

投连险根据投资去向的不同单独设立多个账户，在收到投保人的保费后，根据合同约定，保险公司会将投保人的保费分配到不同的独立的账户，然后转换成需要投资单位。

投资单位是为了方便计算投资账户的价值而设定的计量单位，投资单位有相应的价格。最终保险公司根据投保人保单账户的投资单位数和投资单位对应的价格，计算总的账户价值。

◆ 保险责任

投连险除了具有各个账户的投资收益，还具有一定的保险责任，如具有身故和残疾给付、生存保险金的领取、豁免保费、重大疾病等保险责任。银保监会规定投连险产品必须包含一项或多项保险责任。

◆ 保费

投连险的保费，即理财者投入的成本，没有固定的金额限制，理财者可自由调配，具有一定的灵活性。

◆ 费用及成本

投连险在费用的收取上，透明性很好，保险公司一般会详细列明各项费用的扣除明细，投保人可随时查询。

◆ 风险自担

投连险没有万能险的最低保证收益，其收益来自各个投资账户的投资收益，同样也需要投保人自己承担来自各个投资账户的投资风险。

◆ 投资去向

投连险的投资账户主要用于货币基金、存款、债券、基金、股市等投资，投保人根据自身的需求，选择适合的账户。

◆ 投资回报率

投保人的账户收益与投资回报率直接相关，各账户的业绩表现较好时，投保人享有所有的回报；反之，投保人需要承担所有的风险。投保人持有的保单的投资账户的回报率具有不确定性。

此外，投连险对于保险公司和客户本身都具有一定的利弊，对于客户来说，利弊可以归结为如下五点：

①由保险公司来对各个投资账户进行运作，参与多个产品市场，在专业度、投资经验、投资回报上相对单独个人的投资更具有优势。

②各个账户的投资收益在扣除相关费用后，收益完全归于客户自己，如果保险公司对各个账户运作良好，客户将获得较理想的收益。

③相对于一般的寿险，收益无法保证，可能实现高收益，也可能亏损。

④投保人的各个账户主要由保险公司进行运作，到期兑付的投资收益也是保险公司公布的收益，如果保险公司的经营出现一定的问题，公布的收益可能非实际的投资收益。

⑤投连险的保费大部分用于各个账户进行投资，投资具有一定的期限性，所以一般投连险规定，在一定的期限内是不能退保的。所以，如果在持有一段时间后要求退保，会被保险公司拒绝，即使保险公司同意退保，投保人也要承担一定的退保损失。

投连险对于保险公司来说，同样具有一定的利弊。

①因为投连险的各个账户的风险由投保人自己承担，所以保险公司实现了投资风险的转移，可以保证偿付能力的稳定性。

②能解决传统寿险产品资产与负债不匹配的问题。

③投资收益回馈给客户，本身的利润在一定程度上会受到影响。

④各个投资账户的收益离不开一定的运作及管理，这在某种程度上增加了公司的人力、管理、人才引进等费用。

投连险的本质还是以理财者为主导，通过投连险，理财者可以参与到货币市场、债券市场、基金市场、股票市场等，理财者的很大一部分保费都可以用于理财投资，投连险可以同时满足理财者保障、储蓄、投资的需求。

理财者可以根据自身的需要，灵活调配各类账户，可以以保障为主导，也可以以投资为主导，也可以以储蓄为主导，从而实现组合式理财投资。

❷ 投连险风险规划

投连险可能实现高收益，但同样也会带来高风险，任何投资都有风险，关键取决于风险与收益的配比。对于投连险的风险，我们可以采取一定的措施进行规避，如下五点总结仅供参考。

（1）分散投资

不同的投资账户，其投资风险不同，投保人在选择投资账户时，可以将资金分散投资于两个或两个以上的账户，实现组合式投资。如果对于各个账户的投资风险不明确的，可以向保险业务员或者在线客服进行咨询。

（2）摆正理财心态

千万不要盲目追求高收益，高收益也意味着高风险，因此在账户选定之前可以设定合理的预期，并根据自身的风险承受能力、家庭预算、收入能力等综合考虑。

（3）合理调整账户

如果在选定账户时已经考虑了组合投资，那么不用去频繁地调整账户，可半年或者一年调整一次账户，一般可以根据理财市场的产品形势，决定是否需要进行账户调整。

（4）明确适合的人群

投连险比较适合如下所示的人群。

①具有理财、资金积累、资产增值等需求和抗风险能力的人群。

②理财与保障兼顾的人群。

③具有一定的闲置资金的人群。

④为孩子做教育规划及保障的人群。

⑤工作繁忙而无暇投资的人群。

⑥其他。

（5）关注账户信息

对于投资账户的信息，要随时关注，主要可以从收益率、投资方向、流动性、风险承受能力、信息披露、费用等方面着手。

①不同的账户收益率是不同的，不能用一个收益率去评估所有账户。

②关注每个账户的投资去向，投资什么样的金融产品，风险大小及收益表现等。

③不同的账户，因为投资产品的不同，资金流动性的大小也不同。

④不同的账户，风险大小不同，一般固定收益类账户风险最低，债券、基金账户次之。

⑤关于各个账户的相关收益，保险公司都会定期进行公布，可在各大保险公司官网查看。

⑥投连险的费用扣除项目，相对万能险较多，包括初始费用、风险保险费、保单管理费、资产管理费、手续费等。这些费用最终将影响相关收益，降低实际可获得的收益。

除上述措施外，在投保之前，我们要正确看待产品的演示收益及投连险的过往历史收益，特别是对收益的预测，它是基于保险公司的估算假设，不能理解成对未来的预期，实际投资可能盈利也可能亏损。

6.2　投连险三大账户浅析

投连险的账户与万能险不同，存在多个不同种类的投资账户，且投资目标、投资策略、投资工具等都不同，但本质上常总结为三大类账户：保守型、稳健型、进取型。不同的账户，配置不同。

不同的账户在收益、风险、管理、费用等都存在明显的差别，以李先生购买的投连险为例。

案例故事　查看投连险产品明细

李先生以自己为被保险人和受益人购买了一份投连险，一次性交纳保费 3 万元，产品如下：

（1）产品特色

该投连险交费灵活，多账户可选，且可免费转换相关账户，保单账户的价值领取方便。

（2）投保须知

该投连险适用于 18 ～ 65 周岁的人群投保，保障终身，且交费方式为一次性交纳，投保人和被保险人需为同一人，本险种每份保费 1 000 元，最低投保 30 份，需按照整数份购买。

（3）费用及成本

该投连险的费用主要包括初始费用、资产管理费、保障成本、保单管理费、退保费用、投资账户转换手续费、保单价值部分领取手续费。

①该投连险的初始费用按照约定的保费的一定比例收取，目前实际收取为 1.5%。在保险监管规定的前提下，保险公司有权对初始费用的标准进行调整，扣除初始费用后的保费按照保险合同"投资单位数的确定"的约定分配进入投资账户，买入一定的投资单位。

②保险公司会在每个资产评估日按前一日各投资账户资产净值的一定

比例收取各投资账户资产管理费，具体如表6-1所示。

表6-1 资产管理费

账户名称	当前资产管理费年收取比例
稳健收益型投资账户	1.3%
平衡配置型投资账户	1.5%
行业配置型投资账户	1.5%
货币避险型投资账户	0.2% ~ 0.3%
沪深精选投资账户	1.7%
安盈回报投资账户	1.5%
开泰宏利投资账户	1.3%
稳盈增利投资账户	1%

投资账户的管理费还可以用公式来表示：投资账户资产管理费＝前一日该投资账户资产净值×距上次资产评估日天数×资产管理费收取比例÷365。一般保险公司有权对资产管理费的收取比例进行调整，但该比例最高不会超过2%。如需调整，要提前通知投保人。

③对于该投连险的保障成本，从保险合同的第7保单月度的月生效对应日起，在首个资产评估日收取。保障成本按保单账户中各投资账户的投资账户价值进行分摊，具体如图6-1所示。

3. 保障成本

我们对本合同承担的风险保险金额收取相应的保障成本，保障成本按照保单账户中各投资账户的投资账户价值进行分摊，以卖出投资单位的方式收取，自本合同的第7保单月度的月生效对应日起，我们于本合同每个保单月度的首个资产评估日收取保障成本。

本合同在每个保单月度的保障成本（以下简称"月度保障成本"）根据被保险人的性别、年龄和风险保险金额确定，每千元风险保险金额的月度保障成本于《 ×× 赢家人生终身寿险（投资连结型）月度保障成本费率表》上载明。

自被保险人年满75周岁后首个本合同的月生效对应日（含该日）起，我们不收取保障成本。

图6-1 保障成本

④保单管理费的收取与保障成本类似，但目前该投连险的保单管理费

为 0 元。保险公司有权对保单管理费进行调整，但最高不会超过 30 元／月。

⑤如果李先生解除投连险的保险合同或者部分领取保单账户价值时，保险公司将收取退保费用，如图 6-2 所示。在第一个年度退保费用最贵，比例为 5%，至少在持有 3 年以后，在第四个保单年度退保或者领取部分保单账户价值，才不会收取退保费用。

5. 退保费用

您解除本合同或者部分领取保单账户价值时，我们将收取退保费用。

退保费用为您解除本合同时保单账户价值或者部分领取时申请领取的保单账户价值的一定比例，具体收取比例见下表：

保单年度	第1保单年度	第2保单年度	第3保单年度	第4保单年度及以后各保单年度
退保费用比例	5%	3%	1%	0%

图 6-2　退保费用

⑥对于投资账户转换和保单价值部分领取的手续费，目前是没有的，但保险公司具有调整的权利，但是最高不会超过 100 元／次，如图 6-3 所示。

6. 投资账户转换手续费

对于投资账户转换，目前我们每次收取投资账户转换手续费 0 元，我们可以调整投资账户转换手续费，但最高不超过每次 100 元。您连续两次申请投资账户转换的时间间隔不应少于 5 个工作日。

7. 部分领取手续费

您申请部分领取时，我们将收取部分领取手续费，该项费用从申请部分领取的金额中扣除。目前每次部分领取收取手续费 0 元。我们可以调整该手续费的收费标准，但最高金额不超过每次 100 元。

图 6-3　手续费

保险公司有权对于部分领取保单价值的手续费进行变更，但一般每次不能超过 100 元，且两次转换账户的间隔时间不能少于 5 个工作日。

（4）投资账户设置

对于该投连险，保险公司目前配备 8 个投资账户供投保人选择，分别为稳健收益型投资账户、平衡配置型投资账户、行业配置型投资账户、货币避险型投资账户、沪深精选投资账户、安盈回报投资账户、开泰宏利投资账户、稳盈增利投资账户。投保人可以根据自己的需求进行选择，但需要明确，各投资账户的投资风险完全由投保人承担。

（5）投资账户运作

投资账户的组合和运作一般由保险公司决定，但风险由投保人承担，投资单位的价值划分为等额单位，以投资单位数计量。投资账户由保险监管机关认可的独立会计师事务所定期进行审计。

为了保障投保人的利益，保险公司会按照相关规定增设新的投资账户或者合并、分立、关闭投资账户，或停止投资账户的转换。在提前公告后，合并或者分解投资账户中的投资单位，此时，各投资账户价值保持不变。

（6）投资账户评估

保险公司在符合保险监管机关相关规定的前提下，对投资账户价值进行评估。资产评估日由保险公司确定，正常情况下，保险公司在每个工作日对投资账户价值评估一次，并计算出投资单位价值。一般会采用的公式如下：

投资账户价值 ＝ 该投资账户总资产 － 该投资账户总负债

投资单位价值 ＝ 投资账户价值 ÷ 投资账户的投资单位数

如果因投资账户所涉及的证券交易所停市或其他不可控制的外部客观因素，致使保险公司无法评估投资账户价值的，保险公司会暂停或者延迟投资账户评估。

（7）投资单位计算

投保人交纳的保费在扣除初始费用后，将根据投保人的选择分配到相应的投资账户，买入投资单位。买入的投资单位数按如下公式进行计算：

买入的投资单位数 ＝ 分配至该投资账户的保险费金额 ÷ 该投资账户的投资单位买入价

其中，投保人在犹豫期内将保费转入投资账户，投资单位买入价为合同生效日的买入价，如果合同生效日不是资产评估日，则买入价为合同生效日后的下一个资产评估日的买入价；如果在犹豫期后将保费转入投资账户，投资单位买入价为犹豫期后的下一个资产评估日的买入价。

当资金退出账户后，将投资单位兑现时，一般会产生一个卖出价，一般卖出价就为投资单位价值。

如果李先生配置的投连险，其中一个账户表现较好时，他可以将其中表现较差的账户中的资金进行全部或者部分的转移，移至表现较好的账户中。而转换需要按照一定的步骤进行。

首先将需要转出的投资单位卖出，在扣除相应的转出手续费后，计算转出金额，转出金额的公式为：转出金额＝转出投资账户转出的投资单位数 × 该投资账户的投资单位卖出价—投资账户转换手续费。然后，将转出的金额分配到即将转入的投资账户。最后，根据转入金额计算买入投资单位数，一般公式为：买入投资单位数＝转入投资账户转入金额 ÷ 该投资账户的投资单位卖出价，具体如图 6-4 所示。

> **7. 投资账户转换**
>
> 在本合同有效期内且保单账户建立后，您可向我们书面申请，将您保单账户中的资金从一个投资账户全部或者部分转移至其他投资账户。经我们审核同意后，按如下方式进行投资账户转换：
>
> （1）以转出投资账户的投资单位卖出价卖出您申请转出的投资单位，并在收取投资账户转换手续费后得到转出金额。
>
> 　　转出金额 = 转出投资账户转出的投资单位数×该投资账户的投资单位卖出价 - 投资账户转换手续费
>
> （2）将转出金额分配到您指定转入的投资账户，并根据转入投资账户的转入金额，以该投资账户的投资单位卖出价买入投资单位数。
>
> 　　买入投资单位数 = 转入投资账户转入金额÷该投资账户的投资单位卖出价
>
> 每次转换的金额须符合转换时我们约定的最低限额。本条所指的投资单位卖出价为我们收到转换申请后的下一个资产评估日的投资单位卖出价。

图 6-4　投资账户转换

这种投资账户的转换，每次转换的金额须符合合同约定的最低限额。对于投资账户转换，目前保险公司每次收取投资账户转换手续费 0 元，保险公司有权调整投资账户转换手续费，但有一定的限额。

（8）信息披露

保险公司一般会对投资单位价格、投资账户状况、客户保单状态等进行定期公告。

该投连险，保险公司将至少每周一次通过保险公司官网进行信息公告，公告的主要内容为产品项下各投资账户每个评估日的投资单位价格，投保人可以随时登录查询。

此外，一般保险公司每年将为投保人寄送上一年度的保单状态报告。

❶ 稳定收益的账户配置

稳定收益的账户，其风险较低，收益相对稳定，同样以李先生配置的投连险为例，简单说明如下：

根据产品条款及产品说明书规定，李先生购买的投连险提供了 8 个账户供其选择，稳定收益账户主要包括稳健收益型投资账户和货币避险型投资账户，两种账户在配置上具有一定的差异。

（1）稳健收益型投资账户

稳健收益型投资账户的配置主要包括投资工具、投资目标、投资比例、投资策略、投资风险、资产管理费等方面，详情如下：

投资工具。主要分为三大类，固定收益资产、权益类资产、流动性资产。其中固定收益资产主要包括债券、票据、银行存款、债券型基金等具有固定收益特征的创新型投资工具等；权益类资产主要包括股票、封闭式基金、开放式基金（不含债券型基金和货币市场基金）等；流动性资产主要包括现金、一年以内到期的债券、货币市场基金等流动性良好的资产。

投资目标。本账户的投资目标是在本金安全稳定及具有一定流动性的前提下，实现账户的长期稳定增值。

投资比例。本账户按照一定的比例分配相应的资金，如将资金的 60% 以上投资于债券及其他固定收益资产；将 5% 以上投资于其他流动性资产；权益资产投资控制在 20% 以下。一般为了回避投资风险，账户管理人可以根据市场的变动，适当调整相应的投资比例。

投资策略。本账户的投资策略是以债券市场投资收益为基础，同时把握新品种的机会，积极获得超额收益。账户采用组合式管理方式，稳固本金，控制风险，实现账户资产的长期稳定增值。账户适合追求低风险下获取稳健收益的投资者。

投资风险。本账户的投资风险主要为利率风险、信用风险、市场风险等。其中利率风险和信用风险主要存在于固定收益资产，市场风险主要存在于权益资产。

资产管理费。本账户的资产管理费的年收取比例控制在 2% 以下，目前收取标准为 1.3%。

（2）货币避险型投资账户

货币避险型投资账户的配置同样从投资工具、投资目标、投资比例、投资策略、投资风险、资产管理费等出发，详情如下。

投资工具。主要分为两大类，固定收益资产和权益类资产，其中，固定收益资产主要包括债券、票据、银行存款、债券型基金、流动性资产等；权益类资产主要包括股票、封闭式基金、开放式基金（不含债券型基金和货币市场基金）等。

投资目标。本账户的投资目标是在确保本金安全和高流动性的前提下，实现账户资产的逐步增值。

投资比例。本账户主要投资于现金、货币市场基金、剩余期限在一年内的存款、短期债券等，至于具体的投资比例，账户的管理人可以根据市场预期及市场结构，适当地调整投资比例。

投资策略。本账户投资策略是通过选择优质、流动性好、预期收益良好的货币市场品种，合理安排投资的期限，一般投资组合的平均剩余期限不会超过 365 天，以实现账户的本金安全性、高流动性、风险规避性等目标，最终实现资产的稳定增值。

投资风险。本账户的投资风险主要包括市场风险和信用风险，同时账户适合追求低风险并且保证资产安全的投资者，也可作为其他的账户资产价值的临时保值场所。

资产管理费。本账户的资产管理费根据账户的实际资产收益，进行调整，一般在 0.2% ~ 0.3%。自账户成立日起，以半年为周期，第一个半年的资产管理费年收取比例初步定为 0.2%，每半年调整时，资产管理费根据上一个周期账户年化收益情况确定，具体如表 6-2 所示。

表 6-2　资产管理费

上个周期账户收益率（年化）	对应资产管理费年收取比例
2% 以下	0.2%
2% 及以上	0.3%

对于稳定收益类账户的配置，虽然不同的险种配置的账户存在差别，但是本质上都可以归结为实现本金安全、保持资产高流动性、保持低风险。配置时，一般都可以从投资工具、投资目标、投资比例、投资策略、投资风险、资产管理费等出发，但最终还是需要根据自身需求，适当配置。

❷ 升级收益的账户配置

升级收益的账户，账户风险为中等，收益实现稳步上升，同样以李先生配置的投连险为例，简单说明如下。

李先生购买的投连险提供的 8 个账户中，升级收益账户主要包括平衡配置型投资账户、开泰宏利投资账户、稳盈增利投资账户。3 种账户在配置上具有一定的差异。

（1）平衡配置型投资账户

平衡配置型投资账户的配置主要包括投资工具、投资目标、投资比例、投资策略、投资风险、资产管理费等方面，详情如下：

投资工具。同样分为三大类，固定收益资产、权益类资产、流动性资产，具体明细与稳健收益型投资账户的投资工具一样。

投资目标。本账户的投资目标是在有效控制风险的基础上，实现账户的长期稳定的增长。

投资比例。本账户在固定收益资产和权益类资产的资金配比上要实现平衡，如投资于债券及其固定收益资产的比例在80%以下；投资基金、股市、其他监管部门批准的其他权益类资产的投资比例在75%以下；投资流动性资产的比例在5%以下。

投资策略。本账户通过均衡地投资三大类资产，在稳健地获取账户资产增值的同时，参与股市成长机会，账户管理人通过对宏观经济、财政政策、货币政策、市场趋势等的判断，调整各类资产的配置比例，适当操作，控制风险，实现账户平稳增值，并争取实现超额收益。

投资风险。本账户的投资风险主要包括市场风险、利率风险、信用风险，总体风险适中，账户风险中等，适合具有长期投资理财需求、中等风险偏好的理财者。

资产管理费。账户的资产管理费年收取比例控制在2%以下，目前收取标准为1.5%。

（2）开泰宏利投资账户

开泰宏利投资账户的配置主要从账户特征与投资策略、资产配置范围、投资比例、流动性管理方案、投资风险、账户估值、资产托管、账户管理等出发，详情如下：

账户特征与投资策略。本账户属于混合型投资账户，但是偏债券性质，风险中等，账户的投资目标是通过组合投资，将风险控制在中低水平，并且追求账户资产的长期稳健增值。账户在投资策略上，账户管理人兼顾债券和股票市场，通过组合投资，把握债券市场的阶段性投资机会；对于权益类资产的投资，通过运用一定的方法，投资于具有良好成长性、核心竞争优势并经营稳健的产品，争取实现超额收益。

资产配置范围。本账户主要投资于固定收益类资产、流动性资产、上市权益类资产、基础设施投资计划、其他金融资产等法律法规允许或监管部门批准的其他投资品种和产品。

投资比例。本账户对于固定收益类资产和流动性资产的投资比例不会低于账户价值的 50%，其中流动性资产不会低于账户价值的 5%；上市权益类资产的比例不能高于账户价值的 30%；如果账户实现正回购，正回购比例不能高于账户价值。

流动性管理方案。针对账户可能出现的风险，账户管理人会提前对可能出现的流动性风险进行预警并做出安排，如账户资产至少保有 5% 以上的流动性资产。账户管理人需要与市场机构保持密切沟通，在每个资产评估日对账户的净保费进行预测，以便提前安排账户头寸，确保投保人退出时，资金能够及时得到兑现。

投资风险。本账户的投资风险包括市场风险、利率风险、信用风险、流动性风险。

账户估值。在法律法规或监管部门最新规定下，按其规定对债券、基金、股票等进行估值。

资产托管。本账户的全部资产由具有保险资金托管资质的 A 银行实施第三方托管，选择的商业银行财务稳健、信誉良好。

账户管理。本账户对于账户的管理主要体现在账户独立性、防范利益输送、账户管理费上，其中独立性体现在对设立的不同账户的资产进行单独管理，而防范利益输送体现在通过加强投资管理活动各环节的内部控制，使各投资账户得到公平对待，防范利益输送行为，保护客户的合法权益。账户的资产管理费，年收取比例控制在 2% 以下，目前收取标准为 1.3%。

由于稳盈增利投资账户与开泰宏利投资账户在账户特征与投资策略、资产配置、投资比例、流动性管理、投资风险、账户估值、资产托管、账户管理等上类似，在这里我们不做重复说明。

❸ 高级收益的账户配置

高级收益的账户，具有高风险高收益的特征，适合风险承受能力较强的理财者，同样以李先生配置的投连险为例，简单说明如下。

李先生购买的投连险提供的 8 个账户中，高级收益账户主要包括行业配置型投资账户、安盈回报投资账户、沪深精选投资账户。3 种账户在配置上具有一定的差异。

这类投资账户的配置主要包括账户特征与投资策略、资产配置范围及投资比例、流动性管理方案、投资风险、账户估值、资产托管、账户管理等方面。下面以行业配置型投资账户为例，详情如下：

账户特征与投资策略。本账户采用团队协作，实现各个行业的组合，通过深度式、专业化的投资模式，聚焦产业逻辑，把握市场机会，通过架构式的设计，强化组合，控制风险，追求账户资产的长期稳定可持续增长。

资产配置范围及投资比例。本账户主要投资于上市权益类资产、流动性资产、固定收益类资产等，其中，账户资产用于权益类资产的投资比例在 60% ~ 95%；用于流动性资产、固定收益类资产、其他金融资产等资产的投资比例在 5% ~ 40%；用于流动性资产的投资比例控制在 5% 以上。

流动性管理方案。针对本账户可能出现的流动性及变现的风险，管理人需要提前做出风险管理方案，如将账户的资产的流动资产保持在 5% 以上，以保证账户资产具有较好变现能力。同时与市场机构保持密切的沟通，对账户的净保费进行预测，确保投保人退出账户时能及时兑现。

投资风险。本账户的投资风险主要包括市场风险、利率风险、信用风险、流动性风险等。

账户估值。在法律法规或监管部门最新规定下，按其规定对股票、债券、基金等进行估值。监管机构允许投资但本账户未涉及的资产，将根据相关法律法规、市场惯例及实际情况确定相应的估值原则和方法。

资产托管。本账户的全部资产都需要由具有保险资金托管资质的银行实施第三方托管。

账户管理。本账户对于账户的管理主要体现在账户独立性、防范利益输送、账户管理费上，其中，本投资账户的资产管理费，年收取比例控制在 2%以下，目前收取标准为 1.5%。

安盈回报投资账户与沪深精选投资账户，在账户配置上同样可以从账户特征与投资策略、资产配置、投资比例、流动性管理、投资风险、账户估值、资产托管、账户管理等项目进行，在这里我们不做重复说明。

无论是哪一家保险公司的投连险，在账户配置上都可以从投资目标、投资策略、投资工具、投资比例、投资风险、账户估值、账户管理等方面着手。不同的险种，账户的投资品种、投资比例、投资风险不同，适宜的人群也不同，理财者需要根据自身预算、承受风险的能力、家庭收支等进行综合考虑，选择相关账户。

6.3　走出投连险的理财误区

投连险可以实现高收益，但同时也存在高风险，在配置投连险时，对于一些常见的理财误区我们要注意。

① 误区一：基本账户越多，收益越高

投连险相对于万能险、分红险来说，可以配置多个账户，供客户自由选择，那么是不是选择的账户越多，收益就越高呢？

张先生，打算一次性投资 1 万元，配置 Z 保险公司的投连险，Z 公司的投连险提供了 7 个账户供选择，并且账户的近期业绩表现如图 6-5 所示。

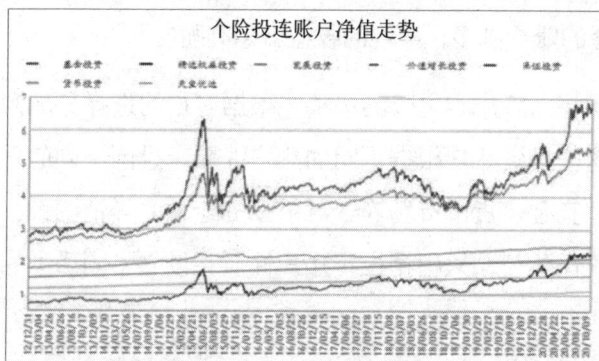

图 6-5　账户净值走势

如上图所示，只简单从账户发展趋势图上可以看出近年来基金投资账户和发展投资账户的表现最好，其他的表现一般。为了更好地做出投资决策，我们还可以看投连险的各账户的业绩表现，如图6-6所示。

		业绩表现					
账户类型	账户名称	期末净值	近1月	近3月	近6月	今年以来	成立以来
进取型	基金投资	6.6401	1.69%	-0.93%	25.23%	30.73%	564.01%
	精选权益	2.2072	0.97%	-1.59%	27.09%	37.35%	120.72%
平衡型	发展投资	5.3874	1.27%	0.63%	15.18%	19.51%	438.74%
	天玺优选	1.1148	0.28%	0.81%	4.57%	5.83%	11.48%
稳健型	价值增长	2.4698	0.30%	0.02%	0.09%	1.86%	146.98%
	保证收益	2.0885	0.26%	0.82%	1.65%	2.91%	108.85%
货币型	货币投资	1.5642	0.22%	0.68%	1.37%	2.30%	56.42%

图6-6 业绩表现

如上图所示，七大账户可以分为四大类型，即进取型、平衡型、稳健型、货币型。通过近1个月、3个月、6个月以来的业绩表现，我们可以看出，不同的账户之间存在一定的差异性，如基金投资账户，在所有账户中，近1个月业绩表现较好，但是在近3个月表现为负增长，又在近6个月表现较好，收益达到25%以上。

所以张先生是选择7个账户还是只选择基金投资和精选权益账户呢？是不是他选择的账户越多，实现的收益就越高呢？

保险公司将保障成本之外的保费，根据客户的选择分配到不同的投资账户中，而这些投资账户根据不同的账户性质，投向不同的理财市场，如债市、股市、基金、货币市场等。对于投资险种的详情明细，一般保险公司不会公布，保险公司只根据投资账户性质，设立不同类型的投资账户并运作管理。

所以我们需要注意投资账户的运作，然后选择适合的账户类型。不同账户的投资标的、投资比例、投资策略等不同，潜在的收益和风险也不同，如一般稳定收益类的账户，风险最低；偏向股市类的账户，风险最高。两类账户适用于不同的投资者，所以在选择投连险之前，了解自身的风险承受能力也很关键，如在银行购买，会要求做风险测试。

对于最开始选择的投资账户，是不是就要持有到期呢？不一定，可以在持有一段时间后，根据市场、收益、资金等情况，实现各个账户的转换，如将资金从高风险的偏股型账户转移到低风险的偏债型账户。

目前，不同的保险公司推出的投连险包括的投资账户不完全相同，因为投连险的投资账户并非那么透明，许多账户可能出现同质，所以在选择时不必选择过多的账户，没有实际意义，应从自身实际需求、风险承受能力、资金配置等出发进行选择，投资账户在精不在多。

❷ 误区二：投资期限越短，理财越有保障

有人说，投连险收益高，就适合做短期投资，并且理财也有保障，事实是这样的吗？

首先，我们得明白，投连险与其他保险产品不同，一般本金在一定的期限里是不能退回的，即使能退保，费用及成本也高。

其次，投连险不一定都能获得高收益，甚至可能会出现亏损的情形，如上节张先生可选择的投资账户。不同的账户业绩表现不同，即使是同一账户在不同的时期也会有亏损、有盈利。

投连险中投资账户的收益，保险公司是不会保证的，风险与收益都由投保人自己承担，保险公司只承担账户运作的职能，所以选择几个账户以及投资期限长还是短，和理财能否得到保障没有太大的关系。

保险公司会为客户单独设置不同的投资账户，通过专门的投资专家进行运作，同时分项列明各种费用，定期公布投资单位价格，而且还会向客户发送投资账户年度报告。投资收益主要来源于对货币市场、债市、股市等进行投资所获得的利得。

然后，无论投资账户是否获得收益，保险公司都会扣取一定的资金，作为账户资金运作的管理费。且投连险与传统保险不同，保障的功能大多体现在身故金上，如果需要健康医疗保障，则需要添加一些附加险种。

最后，在投资账户产生盈利之前，保险公司会收取一定的成本费用，如初始费用、风险保费、账户和资产管理费、手续费和退保费。其中，初始费用，不同的险种扣除比例存在一定的差别；风险保费主要由寿险产品决定；账户和资产管理费及手续费，一般都会根据账户的资产按照比例收取，大多在2%以下；退保费用一般收取比例不会超过账户价值的10%，收取时间根据险种以及持有的保单年度确定，有的可能只在保单的第一年度收取，有的可能收取到保单持有的第5个年度，具体根据合同约定。

所以，投资期限短的，理财不一定有保障，还有可能增加更多的额外的上述费用。那么，如果在持有投连险的中途，我们急需资金该怎么办呢？

一般有两种选择可供参考：一是部分领取保单账户价值；二是解除合同，具体操作如下：

（1）部分领取保单账户价值

一般在保险合同的有效期内，在犹豫期后申请部分领取保单账户价值，需要满足以下条件。

①被保险人未发生保险事故。

②每次申请的部分领取的金额、领取后的保单账户价值的余额、领取

后投资账户的单位数均不得低于合同约定的最低数额。如果低于约定数，则只能书面申请解除保险合同，不能申请部分领取。

一般保险公司接到投保人部分领取保单账户价值的申请时，会要求投保人按照保险公司的要求提交一定的材料，保险公司会在下一个资产评估日的投资单位卖出后，计算将部分领取的保单账户价值。在接到书面申请及相关材料的 30 日内，保险公司在扣除退保费用和部分领取手续费后，给付投保人申请部分领取的保单账户价值余额。

一般保单账户的价值在申请部分领取后，账户的价值在领取日就会等额减少，类似于银行卡取款，而对于部分领取的具体费用标准，一般都会在产品说明书中进行列明。

（2）解除合同

解除合同同样可以分为两种：一是在犹豫期内解除合同；二是在犹豫期后、持有一段时间再解除保险合同。

在犹豫期内解除合同，一般会在产品说明书的"投保须知"下"犹豫期及犹豫期退保"中进行规定，如图 6-7 所示。

2. 犹豫期及犹豫期退保

自您签收本合同的次日零时起，有 10 日[1]的犹豫期。在此期间，请您认真审视本合同，如果您认为本合同与您的需求不相符，您可以在此期间提出解除本合同。

您有权选择是否在犹豫期内将本合同约定的保险费转入投资账户，并在保险单上载明。如果您未选择的，我们将视为您默认同意在犹豫期后将本合同约定的保险费转入投资账户。

如果您选择在犹豫期内将保险费转入投资账户（即本合同生效后立即投资的），并且在犹豫期内提出解除本合同，我们将在扣除不超过 10 元的工本费后向您退还我们接到解除合同申请书之日下一个资产评估日的保单账户价值以及除资产管理费之外的其他已收取的各项费用。

如果您选择在犹豫期后将保险费转入投资账户，并且在犹豫期内提出解除本合同，我们将在扣除不超过 10 元的工本费后向您无息退还您所交纳的保险费。

解除本合同时，您须填写解除合同申请书，并提供本合同、您的有效身份证件及您所交保险费的发票。自我们收到您的解除合同申请书时起，本合同即被解除，对于本合同解除前发生的保险事故，我们不承担保险责任。

图 6-7 犹豫期退保

如上图所示，该投连险具有 10 日的犹豫期，在犹豫期需要选择是否将保费转入投资账户，如果未选择，一般视为默认同意，保险公司在犹豫期后，将合同约定的保费转入投资账户。

如果在犹豫期投保人就将相关保费转入了投资账户，最后在犹豫期提出解除合同，保险公司将扣除一定的工本费，并且退还在收到投保人的解除合同的申请书当天的下一个资产评估日的保单账户价值及其他费用，但资产管理费除外。

如果投保人选择在犹豫期后再将相关保费转入投资账户，但在犹豫期内就已经提出了解除本合同，保险公司只会扣取一定的工本费，然后无息退还所交纳的保费。

此外，在解除合同时，除了提交解除合同申请书，还需要提供身份证件、保费发票等材料，当保险公司收到解除合同申请书时起，合同解除。

如果投保人在持有一段时间后才申请退保，保险公司一般会在收到投保人的解除合同申请书之日起的 30 日内，向投保人退还在解除合同申请书之日的下一个资产评估日的现金价值。一般在犹豫期后退保，会遭受一定的损失，所以在配置投连险之前，一定要慎重。

因为投连险退保成本高，所以投连险一般适合持有 5 年及以上。投连险比较适合具有一定的经济收入，并且以投资为主、保障为辅、追求理财收益且具有一定的风险承受能力的人群。

根据相关监管部门的要求，保险公司在销售投连险时应对投保人进行风险承受能力测评，投保人要认真对待，如实告知个人的收入、投资经验、理财需求、风险偏好等，以便保险公司更好地了解投保人的实际风险承受能力，从而匹配相关产品。

第 7 章

开源节流
开启社保理财新技能

关于社保，失业金可以领多少？医保最高报多少？生育险什么时候开始领？哪些意外不能报工伤？社保中断怎么办……

社保不仅可以作为人生保障，还可以用于定期理财，社保理财有妙招，本章简单聊一聊。

7.1 社保常识聊一聊

社保保障种类有哪些？自费社保交多少？社保信息怎么查？电子社保怎么用？农村社保有何区别……

在进行社保理财之前，基础的社保常识要知道。

❶ 社保保障，有分类

社保是社会保险的简称，是社会保障体系的重要组成部分，是一种为个人因丧失劳动能力、暂时失去劳动岗位、身体健康问题等给个人或者家庭带来的损失，提供收入或者补偿的一种社会和经济制度。

社会保险的保障种类主要可以包括养老保险、医疗保险、失业保险、工伤保险、生育保险。

◆ 养老保险

养老保险是社会基本养老保险的简称，是国家和社会根据相关法律法规，为使劳动者在达到国家规定的劳动年龄界限解除劳务活动后或者因为年老丧失劳动力而退出劳动岗位后，基本生活能得到保障而建立的一种社会保险制度，实行社会统筹与个人账户相结合的模式。

一般参加基本养老保险的个人，达到法定退休年龄时，累计缴费需要已满 15 年，然后到期按月领取基本养老金。一般在领取养老金的年限之前，城镇职工或农村居民都可以参加基本的养老保险。

参加基本养老保险的个人，达到法定退休年龄时累计缴费不足 15 年的，可以缴费至满 15 年，按月领取基本养老金。也可以转入新型农村社会养老保险或者城镇居民社会养老保险，按照国务院规定享受相应的养老保险待遇。

近年来，国家逐步完善了农村养老保险制度，建设新型的农村养老保险体系，实行个人缴费、集体补助、政府补贴相结合的模式。

◆ 医疗保险

社保中的城镇职工医疗保险一般由用人单位和职工按照国家规定共同缴纳，对于个体从业者或者自由职业者，根据相关国家规定也可以参加职工基本医疗保险。

参加社保医疗保险的个人，在达到法定的退休年龄且累计缴费达到国家规定年限后，退休后不再缴纳基本的医疗保险费，但是能按照国家规定享受基本的医疗保险待遇。

近年来，国家建立和完善新型农村合作医疗制度，在缴费上实行个人缴费与政府补贴相结合，对于享受最低生活保障人群、残疾人群、低收入家庭 60 周岁以上的老年人，其个人缴费的部分，也会根据情况实行政府补贴。

◆ 工伤保险

工伤保险又称为职业伤害保险，是劳动者在工作或者规定的特殊情况下，因遭受意外伤害或者患上职业病，导致劳动者暂时或者永久丧失劳动力甚至死亡后，由国家提供给劳动者或家属一定的医疗救治以及必要的经济补偿的一种社会保障制度。

◆ 失业保险

失业保险是国家通过立法强制实行的由用人单位、职工个人、国家补贴等筹集资金而建立的失业保险基金，为因为失业而暂时中断生活来源的劳动者提供一定的收入，保障其基本的生活。

◆ 生育保险

生育保险是国家通过立法，在怀孕和分娩的妇女劳动者暂时中断劳动时，由国家和社会提供医疗、生育津贴、产假的一种社会保险制度。

一般职工不缴纳生育保险费，主要由用人单位按照国家规定缴纳。用人单位已经为职工缴纳生育保险的，职工可享受生育保险待遇。

社保主要由企业缴费、个人缴费、政府补贴组成，那么社保怎么缴费？缴多少？自费社保又该怎么缴？

❷ 自费社保，缴多少

当我们拿到工资条的时候，只会看到每月社保的扣费金额，具体明细是不清楚的，那么社保缴费金额是怎么计算的呢？

社保中的养老保险、医疗保险和失业保险由用人单位和职工一起承担缴费责任，而工伤保险和生育保险的费用全部由用人单位承担，个人不需要缴纳。

社保缴费金额主要受两种因素影响，社保缴费基数和社保缴费比例，简单说明如下。

◆ 社保缴费基数

社保缴费基数与职工的工资相关，如单位把职工上一年度的月平均工资作为社保个人缴费的基数，工资包括工资、奖金、补贴等。如果月均工资低于当地职工月平均工资 60% 的，按当地职工月平均工资的 60% 计算缴费工资基数；超过当地职工月平均工资 300% 的，按当地职工月平均工资的 300% 计算缴费工资基数。

◆　社保缴费比例

社保缴费基数取决于员工个人的工资收入，但社保缴费比例由国家统一规定，社保不同的险种，缴费比例不同。以北京市为例如表 7-1 所示。

表 7-1　社保缴费比例

缴费项目	单位缴费比例	个人缴费比例
养老保险	16%（全部划入统筹基金）	8%（全部划入个人账户）
医疗保险	10.8%	2%+3 元
失业保险	0.5%	0.5%
工伤保险	0.5%	个人无须缴费
生育保险	0.8%	个人无须缴费

各项社会保险费的月缴费金额 = 职工各险种月缴费基数 × 各险种单位缴费比例 + 职工各险种月缴费基数 × 各险种个人缴费比例

如刘女士所在地的月缴费基数为 5 393 元，她每月的社保缴费金额为 5 393 ×（16%+10.8%+0.5%+0.5%+0.8%）+5 393 ×（8%+2%+0.5%）+3= 2 084.70（元），其中单位缴纳 1 515.43 元，个人缴费为 569.27 元。

失业人员、个体从业者、自由职业者，社保缴多少呢？

一般自费社保，主要缴纳的是购买养老保险和医疗保险的费用，具体缴费要根据当地的社保缴费基数缴费比例确定。

首先，我们来看一看，自费缴养老保险一年需要多少钱？自费缴纳社保，根据当地社保缴费基数确定，缴费基数个人可以选择 60%、80%、100% 三个档次，缴费比例为 16%。

如李女士所在地的养老保险的缴费基数为 6 000 元，她选择 60% 的档次，那么缴费基数就为 6 000×60%=3 600（元），缴费比例为 16%，养老保险费就为 3 600×16%=576（元），所以她自由缴费时每月养老保险缴费就为 576 元。

自费医疗需要缴纳多少钱呢？一般自费医疗保险具有 4% 和 8% 两个标准，按照 6 000 元的缴费基数，月缴费就为 240 元或 480 元。

所以缴费基数 6 000 元，低档医疗标准计算，自费社保一年就需要缴纳 576×12+240×12=9 792（元）。

对于灵活就业的人员来说，如果女性年满 40 岁、男性年满 50 岁，且属于低收入人群，是可以申请社保补贴的。

个人缴纳社保的费用都由个人承担，各地缴费标准不同，最终缴纳的费用就不同。具体缴费标准可咨询当地社保中心。

❸ 社保信息，简单查

作为工薪族，每个月都需要缴纳社保费，那么关于社保的相关信息我们该怎么去查呢？

一般可以通过电话、微信或支付宝、社保中心这几种渠道查询，不同的渠道，查询方式不同。

◆ 电话查询

如果选择电话查询，可以选择拨打 12333 社保客服热线，然后根据电话的语音提示，提供自己的身份证号码或社保卡号码查询。当然还可以在接通后选择按 0 转接人工服务，进行社保各险种的明细查询。

◆ 微信或支付宝查询

随着电子社保卡的运用，我们在微信或者支付宝上，也可以查询社保的相关信息。需要说明的是，有的地区的社保信息在微信或者支付宝上可能存在延迟的情况。在微信或者支付宝上查询社保信息的操作相似，下面以在支付宝上查询社保信息为例讲解相关的操作。

案例故事 在支付宝 App 上查询社保信息

在手机桌面上点击支付宝 App 的图标，在进入到的 App 应用程序中点击"市民中心"图标，如图 7-1 所示。

图 7-1　进入支付宝 App 应用程序并点击"市民中心"按钮

在打开的界面中点击"社保"图标进入社保主界面，在其中点击"地方在线服务"栏中的"社保查询"按钮，如图 7-2 所示。

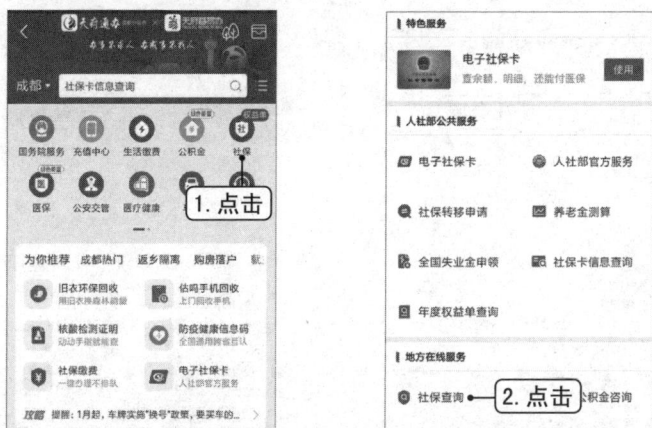

图 7-2　进入社保主界面并点击"社保查询"按钮

在打开的界面中即可查看到社保卡的基本信息、医疗账户余额以及当月个人和单位分别缴纳的社保明细与总额数据，如图7-3所示。

在当前页面下方还可以单独对社保的各项缴费情况进行查询，直接点击对应的按钮即可，如这里点击"基本养老"按钮，如图7-4所示。

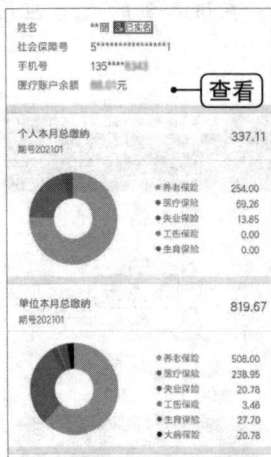

图7-3　查看当月社保缴纳数据　　图7-4　点击"基本养老"按钮

在打开的界面中即可查看到每年各月养老保险的缴费明细数据，如7-5左图所示；点击"历年缴费"选项卡，在切换到的界面中可查看历史各年养老保险的缴纳情况，如7-5右图所示。

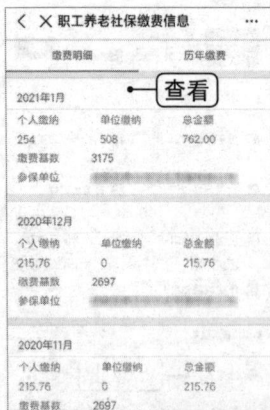

图7-5　查看养老保险缴纳情况

◆ 社保中心查询

此外在线下，参保人员还可以带着个人相关的身份信息，去最近的社保中心查询相关信息。

无论采取哪一种方式，都可以查询到个人社保的相关信息，从自身实际出发，选择最适合自己的方式最重要。

❹ 电子社保，怎么用

电子社保卡是社保卡线上应用的有效电子凭证，与实体社保卡一一对应，是由全国社保卡平台统一签发，人力资源社会保障部统一管理。电子社保卡具有全国统一、全国通用、身份凭证、信息记录、自助查询、医保结算、缴费及领取、金融支付等功能。

在 2018 年 4 月 22 日，人社局签发了首张全国统一的电子社保卡，人社部日前明确，到 2021 年将形成线上线下"一卡通"的服务管理模式。

电子社保卡的领取与使用的前提是实体社保卡已激活并正常可用，并且一张电子社保卡对应一张实体卡。当实体卡挂失、注销后，电子社保卡同样不可使用。

那么，我们该如何领取电子社保卡呢？

一般在持卡人允许的前提下，电子社保卡可以通过各类经过安全授权的 App 领取使用，包括人社部门 App、商业银行、第三方支付平台 App 等。

简单来说，只要职工手里有一张实体的社保卡，持卡人就可以随时随地通过可信的 App 领取电子社保卡，如成都城镇职工可以通过天府市民云、支付宝、微信、云闪付、城市一账通以及工商、农业、建设、邮政手机银行等渠道的任一 App 领取相应的电子社保卡。无论是通过一个或者多个渠道领取的电子社保卡，密码一般为同一个。

我们怎么使用电子社保卡呢？

①手机端的在线服务，包括就业创业、失业登记、社保转移、人才人事、劳动关系、社保卡管理等服务。

②全市人社官方网站、自助服务一体机登录及业务经办。

③全市定点药店、医院移动支付。

④全市公共图书馆借书服务。

⑤自助服务一体机"交管服务"办理。

⑥其他。

我们领取的电子社保卡安全吗？

电子社保卡符合国务院办公厅电子政务办公室全国一体化在线政务服务平台电子证照标准，并且由人社部官方发行。电子社保卡依托全国社保卡服务平台，以实体社保卡安全体系为基础，结合了电子认证、人工智能等互联网安全技术手段，确保实人、实名、实卡。

当我们通过电子社保卡在手机端查询相关信息、办理相关业务时，通过在线认证、密码验证、人脸识别、风险控制等方式，从某种程度上将安全风险降到了最低，在一定程度上确保是本人经办相关事项，能有效地避免非授权的各种 App 仿冒个人线上操作的风险。

电子社保卡的出现，并不意味着实体卡没用了。每个人的偏好不同，使用习惯也不同，实体卡和电子卡同时使用，能让大家更自主地选择方便快捷并适合自己的方式。随着社保卡线上线下融合服务体系不断健全，人们申领社保卡也更为方便快捷。

❺ 社保基金，浅分析

我们和单位缴纳的社保，是以基金的方式运作的，我们称之为社保基金，它是国家通过立法要求全社会统一建立的，用于支付社会保险待遇的一种专项资金，其中的资产及其资产增值的部分都属于社保基金范围。

对于社保基金我们可以从基金来源、筹资模式、筹资现状、监督审计、统筹范围等方面去了解。

（1）基金来源

我国社会保险基金来源主要可以分为如下四个方面：

①由个人和单位、个体从业者、自由职业者等按照一定比例缴纳的社会保险费。

②政府对于社保基金的财政补贴。

③社保基金的银行利息、投资收益、社会捐赠等。

④其他。

社保基金根据保障的种类，主要分为五大类：基本养老保险基金、基本医疗保险基金、工伤保险基金、失业保险基金、生育保险基金。

一般基本医疗保险基金和生育保险基金会合并建账并核算，其他类社保基金都分别建账，独立核算。社保基金执行国家统一的会计制度。

社保基金是国家为了社会保险事业而筹集的，主要用于支付劳动者因暂时或者永久性地丧失劳动能力或者达到法定的退休年龄所能享受的保险金和津贴的资金。社保基金专款专用，不允许任何组织和个人以任何形式侵占或者挪用。

（2）筹资模式

我们知道基金的运作有一个筹资的过程，社保基金同样如此，社保基金的顺利筹集是社会保障制度正常运行的前提。社保基金的筹资主要有三种模式：现收现付制、完全积累制、部分积累制。

现收现付制。它以横向平衡为指导原则，社会保障机构按照所需支付的保险金额进行筹资，由单位和职工根据工资总额的一定比例缴纳社会保险费。一般社会保障机构会提前做出相应的费用预算，并按照一定的比例分摊到单位和个人，实行当年提取，当年支付，不留积累。

完全积累制。它以远期的纵向平衡为指导原则，一般要求劳动者从参加工作开始，就需要按照一定的比例缴纳社保费用，并计入个人账户作为长期的存储积累及增值，在规定的期限内，一次性或者按期领取保险金。

部分积累制。它是对于现收现付和完全积累制的融合，兼顾了横向和纵向的指导原则，社保的费用一部分采取现收现付，满足当前的需要，另一部分采取积累模式，满足未来的长期需要。

我国社保基金筹集方式实行现收现付制和完全积累制的综合。根据相关规定，我国的社保基金由地方税务部门或社会保险业务经办机构采用社会保险费的形式进行筹集，对不同的征收形式，筹集基金时以不同的账户设置及管理提出了明确的要求。

（3）筹资现状

在我国的大部分地区，已经实施了社会统筹和个人账户相结合的社会保障模式，并且社会统筹实行现收现付，主要用于支付退休老年人的退休金，但由于这一部分人的个人积累较少，所以社会统筹资金主要用于弥补这一方的缺口，并且随着老龄化越来越严重，这部分缺口也越来越大，给社会统筹带来了很大的压力。

（4）监督审计

社保基金由全国社保基金管理运营机构负责运作，在保证安全的前提下实现保值增值。各级审计部门依法对社保基金的预算、收支、运营管理的合法性、真实性、有效性进行监督检查，保障社保基金的正常运行，防范基金管理的各种风险。

（5）统筹范围

我国社保基金采取统筹方式，在全社会范围内对社保基金的来源和用途进行统一规划，统筹的范围主要包括纳入统筹的企业和单位范围、劳动者范围、保险项目范围、地域范围等。根据统筹的原则，社保费用由不同的主体承担，并且承担的费用比例也不同。

（6）投资渠道

为了确保我国社保基金投资的安全性和收益性，社保基金主要用于银行存款、国债、其他具有良好流动性的金融工具投资，包括上市流通的证券投资基金、股票、信用等级优良的企业债、金融债等有价证券。

社保基金投资运作的基本原则是：在保证基金资产安全性、流动性的前提下，实现基金资产的增值。

6 农村社保，有区别

如果我们的父母与我们一样，有单位和个人缴纳社保，那么在退休以后，可以领取到一定养老金维持晚年的基本物质生活。但如果我们的父母不是城镇社保，为农村社保呢？还可以领取养老金吗？

为了千千万万农村户口居民的养老问题，国家建立了农村社会保险保障制度，包括了农村养老保险和医疗保险，实行个人缴费、集体补助、政府补贴相结合的筹资方式，保障我国农村居民年老以后的基本生活。

国家为每个新农保的参保人建立终身记录的养老保险个人账户，个人缴费、集体补助、地方政府补助等全部记入个人账户，年满 16 周岁（学生除外）、未参加城镇职工基本养老保险的农村居民，可以在户籍地自愿参加新农保。农村保险体现了个人、集体、政府责任分担，权利与义务的呼应，从农村实际出发，满足农村居民的养老需求。

农村社保同样以基金的方式运作，基金来源主要由个人缴费、集体补助、政府补贴构成。

（1）个人缴费

参加农保的居民应当按照相关规定缴纳养老保险费，一般分档位进行，如每年 100 元、200 元、300 元、400 元、500 元等档次，地方还可以根据当地实际情况增设缴费档次。

参保人员可以自主选择缴费档次，国家也会根据农村居民的人均收入情况，实时调整缴费档次。

（2）集体补助

一般根据当地实际情况，在一些有条件的村镇，村镇还会给参保人员的社保缴费给予一定的补贴，补贴的标准根据村委会召开的村民会议民主确定。此外，国家也鼓励其他的经济组织、社会公益、个人等为村民的缴费提供帮助。

（3）政府补贴

一般政府会对符合领取条件的参保人员全额支付农保养老金，而地方政府一般也会对当地的参保人员给予补贴，补贴根据相应的标准执行。对于农村缴费困难群体，地方政府一般会代缴部分或者全部最低标准的养老保险费用。

根据规定年满 60 周岁、未享受城镇职工基本养老保险待遇的农村有户籍的老年人，可以按月领取基础养老金。

农村社保和城镇社保都包括养老保险和医疗保险，两者之间有什么不同呢？两者的区别如表 7-2 所示。

表 7-2　农村社保与城镇社保的区别

项　　目	农村社保	城镇社保
适用群体	适用于农村居民	适用于城镇居民
具体险种	包括新型农村合作医疗保险和新型农村社会养老保险	包括养老保险、医疗保险
缴费方式	农村社保实行个人缴费、政府补贴、集体补助等相结合的方式，一般实行每年按档次缴费	个人缴费和政府补贴
缴费档次	我国现在实行的新农保缴费标准主要有 100 元、200 元、300 元、400 元、500 元等 12 个档次，地方政府还可以根据实际情况增设档次	目前设有 100 元、200 元、300 元、400 元……1 000 元这 10 个档次，地方政府可根据实际情况增设档次

对于农村社保和城镇社保，除上述区别外，在医疗保险上，农村居民缴纳的医保费用相对较低，每年在 500 元以下，而城镇医保每月根据相应的缴费比例缴纳，费用相对更高。

农村社保和城镇社保两者各有优劣，但都能为人们的养老和健康服务。

7.2 社保四大险的使用

社保在某种程度上类似于银行储蓄，我们定期存入，在积累一段时间后，在满足一定条件的前提下，可以通过社保来满足我们的生活和医疗需求，如领取失业金、养老金、生育金、医疗及工伤报销，那么如何用好社保呢？

首先，我们从失业金说起。

❶ 失业金，可以领多少

作为工薪族，失业是一个永恒的话题。如果失业以后，社保是不是就没用了呢？传说中的失业金要不要领？怎么领？有什么前提条件？能领多少？能一直领下去吗？

失业金全名为失业保险金，是失业保险经办机构依法对符合条件的失业人员，在失业期间因失去工资收入而给予基本生活费用补助的基金。

（1）要不要领

失业后要不要领取失业金，因人而异，如果在失业期间因为综合因素导致温饱出现问题，并且就业形势也并不乐观，应考虑失业周期有多久，以及个人或者家庭的支出与负债状况。

成功领取失业金后，领取记录会留存在个人档案上，对部分人群未来的就业或者发展可能会有一定的影响，同时失业金的领取就意味着社保的断缴，会对养老保险具有一定的影响。所以，是否失业以后就领取失业金，需要慎重考虑。

失业期间，我们可以评估自己在市场中的竞争力，即再就业的难度，考虑再就业前景，如果在很短时间里就可以实现再就业，一般还是不建议领取失业金，建议快速续上社保。

（2）怎么领

首先，失业人员失业前所在的单位已经向办理了失业人员失业保险业务的经办机构备案。其次，失业人员在解除或者终止劳动合同后的 60 日内，到受理其单位失业保险业务的经办机构申领失业保险金。

失业人员填写《失业保险金申领表》，并出示下列证明材料，如本人身份证明、单位终止或者解除劳动合同的证明、失业登记及求职证明；省级劳动保障行政部门规定的其他材料等。最后，经办机构在受理失业人员失业金申请的 10 日内，对于领取资格进行审核并告知本人。

（3）领取条件

失业金的领取是需要满足一定的前提条件的，具体如下。

①按照规定参加了失业保险，单位和个人缴费满一年以上。

②非因本人意愿中断就业的。

③已依法定程序办理失业登记并有求职要求。

④愿意接受职业培训或职业介绍。

其中，我们要注意非因本人意愿中断就业，一般是指终止劳动合同、被用人单位解除劳动合同、被用人单位开除、除名、辞退和其他法律、行政法规另有规定的中断就业情形。

（4）领多少

审核通过后，每个月失业金能领多少与失业保险的缴费时间相关，具体计算公式为：可领取的失业保险金总数 = 所在地区失业保险金标准 × 领取的月份数。其中，各地失业保险金的标准按照低于当地最低工资标准、高于城市居民最低生活保障标准的水平，由省、自治区、直辖市人民政府确定。

（5）领多久

根据失业保险缴费期限的不同，可领取时间一般可分为三大类。

①累计缴纳的失业保险费在 1 年以上，5 年以下的，可领取失业金的期限最长为 12 个月。

②累计缴纳的失业保险费在 5 年以上，10 年以下的，可领取失业金的期限最长为 18 个月。

③累计缴纳的失业保险费在 10 年以上的，可领取失业金的期限最长为 24 个月。

所以，失业金并不是可以无限制地领取下去，除了上述领取期限外，如果出现失业人员重新就业、应征服兵役、享受基本养老保险待遇等情形，相关机构也会停止失业保险金的发放。

因此，失业后是申请还是放弃失业金，需要从家庭的实际情况出发，综合考量。

❷ 医疗费用，最高报多少

医疗保险，我们常称为医保，是国家通过立法形式强制实施，由单位和个人按照一定比例缴纳的保险费。通过建立社会医疗保险基金，当劳动者患病时，医保可以帮助劳动者支付一定的医疗费用。

对于医保，我们可以从保障范围、医保费用、投保条件、保障期限、参保人员、不可是报销情形、报销比例等方面去理解。

◆ 保障范围

一般无论是国家机关、企事业单位、私营企业的从业人员还是个体劳动者，都在基本医疗保险的保障范围之内。

◆ 医保费用

参加社保医疗以后，参保人员的医疗费用是由医保统筹基金根据一定的比例进行报销。而医保基金的主要来源是地方财政、参保单位、参保个人，所以医疗保险的费用也是由政府、单位、个人三者共同分担。

◆ 投保条件

社保医疗与商业医疗不同，在参保时没有要求参保人员进行体检，并进行健康告知，也不会因为体检不过被拒绝承保，参保人员无论是从前还是现在患有疾病，一般都可以正常投保。

◆ 保障期限

医保不仅在职工就业期间，进行医疗健康保障，在退休以后，已经不缴纳医保费，同样可享受医保保障。

◆ 参保人员

国家规定，全部城镇用人单位和职工都必须参加医保。

◆ 不可报销情形

根据《中华人民共和国社会保险法》第 30 条规定，个人因如下情形产生的医疗费不能用医保报销。

①应当从工伤保险基金中支付的。

②应当由第三人负担的。如由他人导致的伤害，若第三人拒绝支付或者无法确定第三人的，医保先行支付再向第三人追偿。

③应当由公共卫生负担的。

④在境外就医的。

此外，如打架斗殴、使用管制药品、醉酒滋事等违法行为产生的医疗费用，也不能使用医保报销。

◆ 报销比例

人的一生难免会遇到各种突发疾病，而医保能在生病时减轻家庭经历压力，减少家庭支出，缓解家庭的资金困难。

在不同的城市，因工资收入、缴费基数和地方政策等不同，医保的报销也是不同的。但无论是哪个城市，医保的报销都分为门诊和住院。医保报销时要关注起付线、报销比例、最高报销额度，下面以深圳医疗费用报销为例进行介绍。

案例故事 深圳医疗费用报销

深圳企业职工医疗保险分3个档次：基本医疗一档、基本医疗二档、基本医疗三档，三者在缴费、待遇和适用人群上有所不同，在待遇及报销比例上也有区别。一档和二档在住院报销上相同，具体如表7-3所示。

表7-3　一档与二档住院报销

费用类别	报销标准
起付线	一级以下医院 100 元、二级医院 200 元、三级医院 300 元
特殊医用材料	国产：按实际价格 90% 支付；进口：按实际价格 60% 支付
床位费	最高限额 A 级房间双人房第一档床位费现 60 元 / 日
目录内扣减上述费用后剩余费用	一般按照 90% 报销，已经领取养老金的人员和医保费用按照 11.5% 缴纳的，报销比例为 95%

而三档与一档、二档的住院报销的费用类别相同，不同在于床位费和剩余费用的报销比例上。三档的床位费最高限额为 B 级房间三人房第一档，现为 37 元 / 日；而剩余费用根据结算医院的不同，报销费用不同，其中一级医院报销 85%、二级医院报销 80%、三级医院报销 75%。而一档的门诊费

用报销标准与二档和三档的费用报销标准存在一定的差别，如表7-4所示。

表7-4　一档、二档、三档门诊报销标准

费用类别	一档报销标准	二、三档门诊报销标准
普通门诊	医疗保险目录内的费用由个人账户支付，不足的部分，参保人自付	由社区门诊统筹基金支付 其中甲类药报销比例为80%，乙类药为60%； 单项诊疗或者材料报销90%（≤120元）
门诊年度超支	连续超支满一年，且同一医疗保险年度内个人自付的医疗保险目录内费用超过本市上年度在岗职工平均工资5%的部分，按照70%报销，其中70周岁以上人群，报销比例为80%	每个医疗保险年度内，最高支付限额总额为1 000元
门诊大病	参保时间低于12个月，报销比例为60%；参保时间在12~36个月，报销比例为75%；参保时间在36个月以上，报销比例为90%	

当然上述这些是在市内定点机构进行住院或者门诊的报销，如果是市外或者异地就医，则报销的费用及比例则存在差异，如表7-5所示。

表7-5　市外住院报销

项目	转诊备案的医疗机构		非转诊备案的医疗机构
	一、二档	三档	一、二、三档
住院	起付线为400元	起付线为400元	起付线为1 000元
	特殊医用材料、人工器官置换、床位费、剩余费用等支付标准和市内相同	特殊医用材料、人工器官置换、床位费等支付标准和市内相同，剩余费用报销比例为70%	本市市外定点医疗机构支付标准为市内支付标准的90%，非本市市外定点医疗机构为市内定点支付标准的70%
门诊	一档	二、三档	一、二、三档
	与市内待遇相同	可享门诊大病及输血待遇，待遇标准与市内相同	个人账户余额充足的由个人账户支付，不足的部分由参保人自付，且医疗保险基金不予支付

根据上述的深圳市住院和门诊的费用报销，我们可以看到，不同的医保档位，在不同的地点，不同的医院，最终医保的报销比例是不同的，最高报销可达 80% 以上，最低也在 50% 左右。

根据《关于做好 2021 年城乡居民基本医疗保障工作的通知》要求，为支持巩固提高居民医保待遇水平，逐步扩大医保支付范围，2021 年继续提高居民医保筹资标准。同时，《关于建立健全职工基本医疗保险门诊共济保障机制的指导意见（征求意见稿）》提出，要建立完善普通门诊医疗费用统筹保障机制，从高血压、糖尿病等群众负担较重的门诊慢性病入手，逐步将多发病、常见病的普通门诊医疗费纳入统筹基金支付范围。普通门诊统筹覆盖全体职工医保参保人员，支付比例从 50% 起步，随着基金承受能力增强逐步提高保障水平。

如果失业或者其他因素导致医保断缴的，即使后来续缴，一般也会有 6 个月的医保等待期，简单来说就是在等待的 6 个月，个人是不享受医保保障、医保报销的待遇的。

在《关于加强和改进基本医疗保险参保工作的指导意见》中提出，参保人因个人状态变化导致医保的中断，但中断缴费不超过 3 个月，且医保缴费已经在 2 年（含）以上的，缴费后医保待遇不变，如果中间断费超过了 3 个月，可以设置不超过 6 个月的等待期。

医保对于我们生活是很重要的，所以一定要注意及时缴费。除了职工的每月按时缴费，对于主要保障广大农村居民的新农保，农村居民一般每年缴费一次，缴费金额较低，由原来的年缴 10 元、20 元、50 元、150 元、180 元、220 元、250 元、280 元，参保人员在购买后同样可以实现门诊、住院、大病报销，具体的报销比例根据参保人所在的城市不同而略有差异。

③ 生育险，什么时候开始领

　　无论是女性职工还是男性职工，结婚之后一般都会经历孩子孕育的过程。特别是女性职工们，往往会因为孩子的到来，给自己的职业生涯带来一定的影响，那么社保中的生育保险能给她们带来什么帮助呢？

　　生育保险是经国家立法保障的，职工入职后，用人单位都需要依法为员工购买，当职工满足一定的条件，就可以享受生育保险待遇。当然如果是自由缴费者，一般不能购买生育保险并享受生育保险待遇。

　　对于生育险，我们可以从参保人群、费用缴纳、领取条件、领取范围、报销流程、注意事项等方面去理解。

　　◆　参保人群

　　凡是与用人单位签订了劳动合同的职工，都应当参加生育保险，包括男性职工。

　　◆　费用缴纳

　　不同的城市，因为工资收入及地方政策的不同，职工缴纳的生育险费用不同，但是有一条是共同的，用人单位必须按照国家规定为职工缴纳生育保险费，而职工本人不需要缴纳。

　　◆　领取条件

　　职工享有生育保险待遇，应当同时具备下列条件：

　　①用人单位已经为职工缴纳一定时间的社保。

　　②用人单位已经在生育保险办理机构进行了职工生育险的参保备案，并且职工在当地生育。

　　③生育或施行计划生育手术符合国家计划生育政策的职工。

④当地人力资源与社会保障局要求的其他条件。

◆ 领取范围

领取范围主要包括生育医疗费、生育津贴、产假待遇，简单说明如下。

生育医疗费。生育医疗费主要包括女性职工的生育检查费、接生费、手术费、住院费、药费等，主要从保险基金中支付，超过规定的医疗费用和药费，由职工自己承担。即使女性职工生育出院以后，因为生育引起的疾病医疗费等，同样由生育保险基金支付。

生育津贴。女职工依法享受产假期间的生育津贴，一般按照用人单位上年度的职工月平均工资计算，同样是由生育保险基金支付。

产假待遇。根据《女职工劳动保护特别规定》第七条：女职工生育享受 98 天产假，其中产前可以休假 15 天；生育多胞胎的，每多生一个婴儿，相应增加产假 15 天；难产的，同样增加产假 15 天。若女职工怀孕满 4 个月流产的，享受 42 天产假；怀孕未满 4 个月流产的，享受 15 天产假。不同的城市，产假的天数在法定的 98 天的基数上，可能会有所延长。

◆ 报销流程

职工的生育险的报销，一般会经历如下的步骤。

①在女性职工怀孕后、流产、计划生育手术前，由用人单位携带申报材料到社会劳动保险处生育保险窗口登记备案。

②社保相关工作人员受理核准后，签发医疗证。

③生育保险待遇由用人单位在职工产后或手术后 18 个月内，携带申报材料到生育保险窗口办理待遇结算，其中申报生育津贴和一次性营养补贴的，还需要填写《生育保险待遇申报表》并加盖单位公章，同时提交要求的相关申报材料，一般申报办理时间是每月 1 ~ 10 日的工作日。

④一般生育保险经办机构在受理职工的生育保险待遇申请之日起 15 个工作日内对用人单位提供的资料进行审核，审核无误后将生育保险费用拨付给职工所在的用人单位，然后用人单位按照规定的生育保险待遇项目和标准发给职工。如果用人单位未按规定为职工办理生育保险参保手续的，职工发生的生育保险费用，由用人单位按照规定的生育保险待遇项目和标准支付给职工。

◆　注意事项

在女性职工怀孕及产假期间，无论女性职工还是男性职工都受到一定的法律保护，具体如下：

①用人单位不得因女职工怀孕、生育、哺乳而降低其工资或与其解除劳动或聘用合同。

②当女性职工在孕期不能适应原有的工作时，用人单位应当根据相关医疗机构证明，予以减轻劳动量或安排其他能适应的劳动。

③女性职工怀孕在 7 个月以上，用人单位不得延长劳动时间或者安排夜班活动，并在劳动时间里适当地安排休息时间。

④怀孕的职工在劳动时间里进行产检的时间，要计入职工的劳动时间。

⑤在配偶产假期间，男性职工也是享有一定的生育保险待遇的，如生育医疗报销、生育津贴、陪产假，一般男性职工单位按照规定为其缴纳了生育险，男性职工自己本人的相关生育手术也是可以报销的，同时配偶生育时的生育医疗费用，也可以通过男性生育保险报销。

一般夫妻两人只能领取一份生育津贴，相对来说女性职工领取更划算，因为津贴更高，男性职工领取的前提是配偶没有缴纳社保，无生育津贴，男性的生育津贴一般是按照最低工资标准来发放的。

对于男性职工来说，只要满足生育险的缴纳年限，也可以申请带薪陪同产假，在此期间，用人单位不能以此为理由降低员工的工资福利待遇，一般陪产假是连续的，包括周末。

生育保险不仅是对于女性职工在生育和哺乳期间收入的保障，如果女性未缴纳社保，还可以通过配偶的社保来报销一定的费用及领取生育津贴，所以，对于整个家庭来说，都实现了一定程度的收入保障，减轻了家庭的经济负担以及支出压力。

❹ 工伤险，哪些事件能理赔

工伤保险与职工的工作相关，当职工因为工作原因，遭受意外事故受到伤害或患职业病时，经工伤认定，可享受工伤保险待遇。经过鉴定丧失劳动能力的，职工享受伤残补偿待遇。对于工伤保险的缴费，与社保的养老和医疗不同，职工不需要缴纳工伤保险费，主要由用人单位缴纳。

对于工伤保险，一般可以从工伤认定、职业病、工伤办理、保险待遇、注意事项等方面去了解。

（1）工伤认定

并不是在工作中的所有伤害都能认定为工伤，根据相关规定，如下的情形才能认定为工伤。

①在工作时间和工作场所，因为工作原因、从事与工作相关的收尾工作、履行工作职责受到暴力等事故伤害。

②在工外出期间，因为工作原因受到的意外伤害。

③在上下班途中，受到非本人主要责任的交通事故伤害。

④在工作时间、工作岗位突发疾病或者在 48 小时内抢救无效死亡。

⑤在维护国家利益、公共利益活动中受到的伤害。

⑥职工已获得革命伤残军人证，到用人单位后旧伤复发的。

⑦职工因工作原因患职业病的。

⑧法律、行政法规规定应当认定为工伤的其他情形。

根据相关规定，职工故意犯罪、醉酒或者吸毒、自残或者自杀等情形，是不得认定为工伤或者视同工伤的。

一般职工在发生工伤后，经治疗伤情相对稳定后，存在残疾或者影响劳动工作的，应当依法进行劳动功能障碍程度和生活自理障碍程度等级鉴定以及劳动能力鉴定。

其中劳动功能障碍分为 10 个伤残等级，生活自理障碍分为 3 个等级，经过鉴定生活完全不能自理或部分不能自理的，职工根据相关鉴定部门出具的伤残鉴定，享受不同等级的工伤待遇。

（2）职业病

职业病是职工在企业、事业单位、个体经济组织中，因为职业活动接触粉尘、放射性物质、其他有害物质等引起的疾病，职业病定义中所述职工包括的范围是所有用人单位的劳动者。

劳动者可以选择用人单位所在地或本人居住地的职业病诊断机构进行诊断。一般职工所在单位应当自事故伤害发生之日或者职工被诊断、鉴定为职业病之日起 30 日内，向统筹地区社会保险行政部门提出工伤认定。

如果用人单位未按照规定为职工提出工伤认定申请的，职工本人或者家属可在事故伤害发生之日或者被诊断、鉴定为职业病之日起一年内，直接向用人单位所在地统筹地区社会保险行政部门提出工伤认定申请。

此外，用人单位如未在规定的时限内提交工伤认定申请，在此期间发生符合规定的工伤待遇等有关费用由该用人单位承担。

（3）工伤办理

工伤待遇的申请，需要经过如下的程序。

①单位应当自工伤事故发生之日或者职业病确诊之日起30日内，向当地劳动行政部门提出工伤认定申请；如果单位不为职工申请，职工本人可以自己填写工伤认定申请，并提交相关资料向相关部门申请工伤认定。

②工伤保险经办机构做出工伤认定决定，并发"工伤认定通知书"给用人单位。

③用人单位根据相应的工伤赔偿标准，赔偿给员工。

一般工伤事故属交通事故的，在提交资料时，还必须上报交警部门对事故的责任分析和处理意见。

（4）保险待遇

职工参加了工伤保险，在发生工伤后，经劳动保障行政部门进行工伤认定或作出劳动能力鉴定，职工将享受保险待遇：工伤医疗费、辅助器具配置费、一次性伤残补助金、伤残津贴、评残后的生活护理费、丧葬补助金、供养亲属抚恤金、一次性工亡补助金、康复性治疗费用、住院伙食补助费、劳动能力鉴定费等，不同地区补偿的标准不一样。

（5）注意事项

职工在申请工伤认定时要注意如下事项。

①注意时效问题，用人单位申请的，一般在事故发生或者确诊日起30日内；本人或者亲属申请的，则为事故发生或者确诊日起一年内。

②职工要与用人单位订立书面合同。

③提交劳动行政部门要求的所有相关材料。

④保留相关证据，包括与用人单位关系的证明、来源于其他主体的说明、来源于有关社会机构和劳动保障部门的通知等材料。

此外我们还要注意，职工因工作遭受事故伤害或者患职业病需要暂停工作接受工伤医疗的，在停工留薪期内，原工资福利待遇不变，由所在单位按月支付。

职工因工作原因受伤，是可以申请赔偿的，这可以在一定程度上减轻家庭经济负担，但前提是需要满足工伤赔付标准，并按一定的程序办理。

7.3　社保卡的金融特性

提到社保卡，人们会想到它在医疗、养老、生育、工伤、失业方面的保险功能，除此外，社保卡还具有金融功能，是可以像正常银行卡一样使用的，它同样具有银行卡的一些理财功能。

❶ 定时充值，理财消费两不误

社保卡也是银行卡，也需要"定时充值"存入资金，只要保证个人社保是处于在线状态，就可以用来理财或者消费。

◆　身份证明

我们可以在缴费申报、医疗费用报销、待遇领取资格认证、就业扶持政策享受、参保登记、社会保险关系转移时通过社保卡进行身份证明，此时社保卡呈现了一种类似于身份证的功能。

◆ 收入

目前的社保卡是一卡两户，医保个人账户和金融账户，在一定的期限及前提下，职工可以领取养老金、失业金、生育金、工伤待遇、理财收益等，这部分构成了金融账户的收入。

◆ 支出

职工发生个人日常生活中取现、缴费、支付、医疗费用报销等社保卡的支出，构成了医保账户和金融账户的主要支出部分。

◆ 代替工资卡

一般不同的单位，工资卡都来自不同的银行，那么是不是换一家单位就需要重办一张银行卡？答案是不需要。现在有的企业选择将员工的工资发到员工的社保卡的金融账户里。

◆ 在线支付

有些城市，个人可以通过支付宝的电子社保卡，在线刷社保卡支付医药费。此外还可以通过线上的智慧医院进行挂号、预约、缴费等，实现一卡轻松搞定。

社保卡和手机一样，我们要正常使用，需要定时充值交"话费"，如果我们断缴了该怎么办？

一般社保断缴了，社保待遇从下个月起就停了，社保出现中断后对医保卡的使用也会有一定的限制，不同城市社保局的规定存在不同。有的城市规定在社保断缴后，医保报销具有一定的恢复期，如2～3个月。

如果很快就业的，一般通过签订劳动合同，可以通过新单位继续购买社保，为了社保中各种保障的正常使用，最好是在3个月内续保。如果是灵活就业的人群，可以到户籍所在地的相关部门办理社保登记，然后根据自身实际选取缴纳的档位。

❷ 一卡支付购买商业医疗险

你是如何使用社保卡中的医保个人账户？只是用于医院就医报销或药店买药吗？随着时代的发展，一些城市陆续推出社保卡的一些新功能，如拥有社保卡的个人可以通过社保卡购买一定的商业险，加强自身保障，以深圳为例。

案例故事 深圳职工一卡购买商业医疗险

对于该款深圳职工可以通过个人医保账户购买的医疗险，我们简单从产品详情、参保人群、产品优点、购买渠道、参保条件等说明。

（1）产品详情

该医疗险产品主要分为两大类：专属团体医疗险和专属重大疾病保险，其中，前者属于医疗费用报销型，后者属于重大疾病定额给付型。本质都是商业健康保险产品，在深圳银保监局的指导下，由深圳市保险同业公会统一组织开发设计，参保条件、保费标准、保障内容、报销比例等都按照国家对商业健康保险的有关规定来确定。

其中医疗费用报销类产品可分 1 年期和 6 年期，如果选择 1 年期投保，那么需要缴费 365 元，在 3 年内可以以首次缴费的费率续保；如果选择 6 年期，需要一次性缴纳保费 1 998 元。

（2）参保人群

投保年龄宽松，没有限制，只要投保前没有 8 类疾病，可以直接进行健康告知，但在 3 年期和 6 年期后续保，重新投保也要重新进行健康告知。

（3）产品优点

该产品具有四大优势，普惠让利、全面保障、灵活缴费、投保方便。

普惠让利。不限制年龄投保，而且无论哪个年龄阶段购买都是统一定价，保费相对较低，且最高可享受 300 万元的保额。

全面保障。该健康险可实现医保目录内外的全面保障，涵盖在医保报销范围外需要个人自付的费用。

灵活缴费。参保人可根据自身需要，灵活选择缴费时间及保障期间。

投保方便。投保的手续相对简单，如可选择在线投保，节省投保时间以及成本。

（4）购买渠道

一般参保人可选择用医保个人账户余额或现金两种方式购买。使用个人医保账户余额的，要符合一定的规定条件，并且个人账户具有一定的额度。采用现金支付的则相对自由，一般同一张保单只能选择一种支付方式。

此外，投保人与被保险人可以不为同一人，如符合规定条件的职工可用医保个人账户余额为配偶或者直系亲属购买。

（5）参保条件

职工使用个人账户余额购买专属医疗险，需要同时满足以下条件。

①个人账户余额超过本市上年度在岗职工平均工资 5%，只能将个人账户余额的 30% 以下用于购买该款健康险。

②购买后，个人账户余额不能低于本市上年度在岗职工平均工资 5%（假设目前为 6 387.85 元）。

③在一个医保年度内，同一账户内累计用于购买该健康险的总额要低于 12 000 元。

李先生的医保个人账户余额有 50 000 元，他想购买该款健康险，他如果将 15 000 元（个人账户余额的 30%）用于购买，购买后，医保个人账户剩余金额为 35 000 元，高于本市年度在岗职工平均工资 5%，但保费 15 000 高于 12 000 元，所以他不能使用医保账户余额购买 15 000 元档的保险。

但李先生如果将账户余额的 12 000 元（个人账户余额的 24%）用于购买，则购买后，医保个人账户剩余金额为 38 000 元，高于本市年度在岗职工平均工资 5%，但保费 12 000 元在规定的累计保费内，所以他可以使用医保账户余额购买该健康险，保费控制在 12 000 元以下就可以。

目前，很多城市都推出了与深圳类似的商业健康险，职工只要符合具有医疗保险、医保个人账户有余额、投保健康等条件就可以购买，产品包括住院自费医疗保险和重大疾病保险，具体以当地规定为准。

❸ 社保新规，重点在这里

社保卡一般是不能提现的，除非作为银行卡使用，定期地进行资金存入，则可提现自己的储蓄金额，而不是社保缴费账户的金额。

一般社保账户缴费余额只有满足一定的条件，才能提现。

①达到退休年龄，未满足缴费 15 年的条件，个人账户储存额全部给付。

②在职死亡，法定继承人继承个人养老金。

③灵活就业人员与企业重复缴费，灵活就业人员被退付的缴费金额。

④银行代扣代缴与企业缴费重复，企业被退付的重复缴费部分。

⑤其他规定条件。

在 2021 年，社会保险的一些新政策也在逐步落地实施，其中与参保人利益相关的主要包括如下五个方面：

◆ 基本实现门诊费用跨省结算

这就意味着，职工跨省异地就医，门诊费用无法直接结算的难题将解决，对于职工来说，除了住院费用外，门诊费用也可以实现跨省异地结算。

◆ 部分地区养老金发放时间调整

从各地的养老金的时间调整看，很多省份将养老金的统一发放时间调整到每月 15 号，所以养老金如果没有如期到账，可能是养老金发放时间调整了。

◆ 养老金直接发放到社保卡上

各地将基本实现将养老金发放到社保卡上，而不是像以前一样发放到绑定的银行卡。所以还未领取社保卡或者社保金融卡未激活的退休人员，要注意当地相关社保政策，及时激活社保卡，以免耽误养老金的领取。

◆ 第六险试点城市增加

第六险就是长期护理险，主要解决重度失能人员的长期护理问题，无论参保人员是在养老院还是居家，都可以通过长期护理险报销一部分，而在 2021 年，将增加该险的试点城市。

◆ 其他社保新政策也在 2021 年正式实施和落地

除了如上新的社保政策外，一些新的社保政策也在 2021 年陆续实施，如在 2021 年年底，社保卡将实现异省通办，包括申领、补办、挂失等。

对于 2021 年的社保新政，具体到每一个城市，还需要结合区域内的新政落地实施，而国家社保新政的推出，本质都是为参保职工谋取更多福利保障。

第8章

守住家庭财富
意外和健康早规划

　　保险的本质是对未来风险的提前买单，而意外和疾病则是人生路上最大的潜在风险，我们能保证永远不发生意外吗？能保证一生都不生病吗？如果不能，那么就要避免意外和疾病成为家庭财富最大的消磨器。守住家庭财富，意外和健康保险早规划。

8.1 家庭出行有保障，意外险来报道

意外险的特色在哪里？意外险怎么理赔？赔偿标准有哪些？哪些意外不可报，如何配置家庭意外险……

走进意外险的产品市场，基本常识需明了。

1 意外险理财有特色

意外险承保的风险是指被保险人遭受到的意外伤害，一般保险公司会将外来的、突发的、非本意的客观事件导致的被保险人受到的伤害定义为意外伤害，相比于其他的保险产品，意外险具有一定的特色。

◆ 可实现高保额

意外险的保费一般相对便宜，但保额相对较高，如有的意外险，几百元的保费能实现几百万元的保额。

◆ 给付伤残金

在意外险中，被保险人因意外伤害导致伤残的，保险公司将根据相应的伤残等级来给付相应的保险金。

◆ 无等待期

意外险一般没有等待期，在购买保险合同的次日，合同就开始生效了，即使一些意外保险有等待期，等待期也很短。

◆ 无须健康告知

意外险的投保门槛相对较低，一般无特别要求进行健康告知，对投保年龄要求也较低，但对于投保人的职业会要求较为严格，如对于从事高风险职业的人，在投保意外险时会受到一定的限制。

◆ 投保期限较短

现在市场中的意外险，一般投保期限都较短，适合短期理财，以一年期居多，最短甚至为一次旅游行程、一次出差周期、一场游泳场次等。

此外，意外险在保险金额、保险责任、投保手续等方面都具有一定的灵活性，投保人可与保险公司协商后，灵活投保。

◆ 不允许退保

意外险因为期限较短及保费较低，一般保险公司都不允许在保险持有期间进行退保，即使允许退保的，退回本金也较少。到保险期限终止，个人没有发生保险事故，保险公司也不会退还保费。

工伤同样是针对个人意外伤害的保险，那么职工在拥有了工伤保险以后，还需不需要配置意外险呢？首先，我们看一看两者的区别，如表 8-1 所示。

表 8-1　意外险与工伤保险的区别

项　　目	意外保险	工伤保险
保险性质	意外险属于商业保险	工伤保险属于社会保险
法律关系	一般民事合同关系	国家管理职能的体现
保费缴纳	一般是投保人个人承担	保费主要由用人单位承担，员工无须缴纳
保障范围	对不分时间、地点、原因的意外伤害导致的医疗费用进行报销	只对与工作相关的意外伤害导致的医疗费用进行报销

所以，工伤保险和意外险并不能相互替代，两者能相互补充，可以考虑都配置。

❷ 意外险怎么理赔

意外险总体上可以分为三大类：普通意外伤害保险、特种意外伤害保险、团体意外伤害保险。根据不同的分类标准，可分为不同的险种。

◆ 按保险危险程度

根据保险的危险程度，一般可分为普通意外伤害保险和特定意外伤害保险。两者保障的是在保险期限内发生的各种承保的意外伤害和某些特别限定的意外伤害。生活中常用的都是普通意外伤害保险类产品。

◆ 按投保期限

根据投保期限，意外险一般可分为一年期意外伤害保险、极短期意外伤害保险、多年期意外伤害保险等。一年期类意外险配置较多。

◆ 按险种组合

根据险种组合的不同，一般可分为单纯意外险和附加意外伤害险。前者主险就是意外险，而附加意外险可分为其他险种附加意外险或意外险附加其他险种，具体以实际险种为主。

那么，意外险投保要经历哪些程序呢？

①选择一家正规及售后服务好的保险公司。

②与保险经理沟通，请他制订一个适合自身家庭需求的投保方案或者自主在网上选择一款适合自身需求的意外险。

③确定相应的保额、保费、期限等。

④交费，获得电子保单。

在购买时或者购买后，我们还要注意意外险的售后理赔程序，意外险的售后理赔一般会经历如图 8-1 所示的程序。

及时报案

当意外事故发生后，要及时拨打保险公司的报案电话，一般保险公司的理赔人员将会询问相关出险情况并告知后续理赔事项。

调查核实

保险公司接到报案人的报案电话后，一般会派遣理赔人员到事故现场勘察事故经过，对事故原因、损失、保险责任等信息进行核实，同时还会要求被保险人填写出险通知书。

提交资料

被保险人根据保险公司的要求提交与索赔相关的资料，一般资料不齐全的，保险公司会通知被保险人及时补充相关材料。

立案估损

保险公司对被保险人的相关资料审核无误后，将立案受理，评估相应的责任范围、损失金额、理赔金额等。

金额清算

在估损确定以后，保险公司会根据保单条款及合同约定，在规定的保险金额、免赔额、赔付比例等基础上，确定意外伤害事故的实际赔款金额，并在理赔系统中备案相关信息。

赔款支付

保险公司在将赔付金额和投保人相关信息进行核算以后，将确定具体的赔款支付日期，如10个工作日内支付相关赔款。在保险公司支付赔款以后，保险售后理赔人员将对投保事项进行更新，如"冲减保额"。

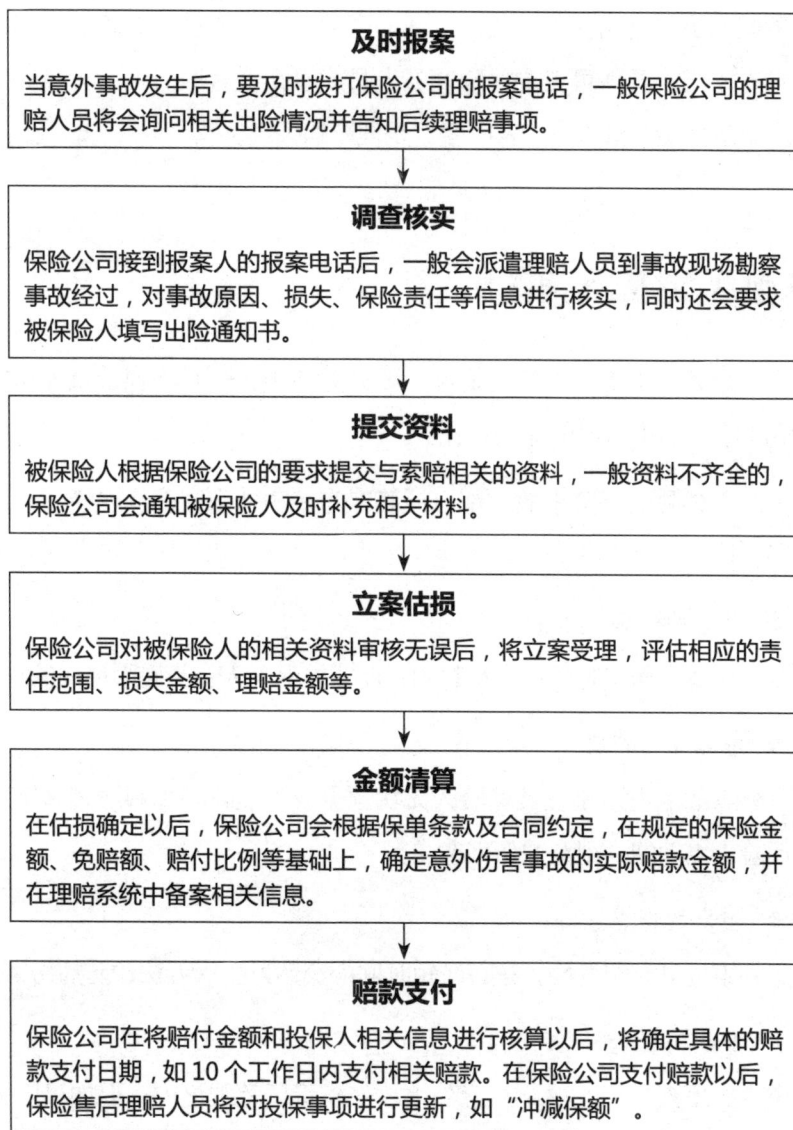

图 8-1　意外险的售后理赔程序

针对意外险的理赔金额，不同的保险公司及险种存在一定的差异，但基本上包括医疗给付、住院津贴、伤残及死亡给付等。不同的保险公司，推出的险种中可能还会存在组合系列的赔付，具体以保险合同条款为准。

不同的保险公司在理赔程序、理赔事项、理赔资料、赔款支付等方面可能存在不同，具体可咨询保险业务人员或者在线客服。但无论投保的是哪一家保险公司，出险后，及时报案是理赔的关键。

❸ 哪些意外不可报

对于意外保险的不可报的情况主要分为两类：一是不属于意外伤害；二是属于意外伤害保险的除外责任。

一般意外险的保险事故，都应该确定为在意外伤害范围内，具体包括如下四种情形：

◆ 外来的伤害

意外事故的伤害是由他人引起的，而非被保险人自身原因造成的。

◆ 非本意的伤害

意外事故的发生是在被保险人无法预见或者违背其主观愿望之下，由非被保险人主动的、刻意的伤害造成。

◆ 突发的伤害

意外事故具有突发性，是在较短时间内突然发生、无法预防的伤害。

◆ 非疾病引起

个人突发疾病，一般不在意外事故伤害责任范围之内，但如果因为意外事故导致了个人疾病的发生，则该疾病的相关医疗费用、住院津贴、其他赔偿等则在意外事故伤害责任范围之内。

如果意外事故在上述的意外伤害之内，保险公司一般都不能拒绝赔付。但不同的保险公司除外责任存在差别，一般常见除外责任如下所示。

①投保人、被保险人、受益人的故意行为。

②因被保险人故意犯罪、自杀、斗殴等所致的意外伤害。

③因被保险人私自服用、注射药物所致的意外伤害。

④因战争、核辐射等不可抗力所致的意外伤害。

⑤其他认定为除外责任的情形。

不同的意外险种，除外责任的规定不同，一般在保险合同中，除外责任都规定为责任免除，如图 8-2 所示。由投保人的故意行为以及自残、自杀、疾病、中暑、猝死、整容、犯罪、参加高风险运动等导致的意外事故伤害，保险公司会拒绝支付相应的保险金。

责任免除

第六条　因下列原因造成被保险人身故、伤残、医疗费用支出或住院治疗的，保险人不承担给付保险金责任：

（一）投保人的故意行为；

（二）被保险人自致伤害或自杀，但被保险人自杀时为无民事行为能力人的除外；

（三）因被保险人挑衅或故意行为而导致的打斗、被袭击或被谋杀；

（四）被保险人妊娠、流产、分娩、疾病、药物过敏、中暑、猝死；

（五）被保险人接受整容手术及其他内、外科手术；

（六）被保险人未遵医嘱，私自服用、涂用、注射药物；

（七）核爆炸、核辐射或核污染；

（八）恐怖袭击。

图 8-2　责任免除 1

此外，一些特殊意外事件伤害及费用，保险公司也会认定为责任免除的情形，如图 8-3 所示，如被保险人酒后驾车、无证驾驶、保险自费项目等。

（三）被保险人酒后驾车、无有效驾驶证驾驶或驾驶无有效行驶证的机动车期间。

第八条　下列费用，保险人不承担给付保险金责任：

（一）保险单签发地社会医疗保险或其他公费医疗管理部门规定的自费项目和药品费用；

（二）因椎间盘膨出和突出造成被保险人支出的医疗费用；

（三）营养费、康复费、辅助器具费、整容费、美容费、修复手术费、牙齿整形费、牙齿修复费、镶牙费、护理费、交通费、伙食费、误工费、丧葬费。

图 8-3　责任免除 2

通过如上说明，在配置意外险之前，我们要详细阅读该款意外险的产品说明书，特别是其中的保险金的认定和责任免除条款，以免后续理赔时因发生的意外事故在责任免除范围内，保险公司拒绝理赔以至出现理赔纠纷。

❹ 如何配置意外险

对于意外险的配置我们可以从保险公司、投保险种、保障范围、保额高低、保险条款等方面去考虑，具体如下：

◆ 保险公司

选择一家投保简单、售后方便、理赔迅速、专业规范的保险公司很重要，特别要注意保险公司的差评或者负面新闻。

◆ 投保险种

对于意外险种，要根据家庭需求选择，如选择一年期还是中长期，是选择交通意外险种还是综合意外险种。一般一年期的短期意外险投保较多。

◆ 保障范围

相对于独立的"意外伤害险"或"意外医疗险"，综合意外险的保障范围更广，包括意外身故、伤残、医疗费用、住院津贴等。对于工薪族而言，通常建议投保综合意外保险，保障较全面，保费也划算。

◆ 保额高低

意外险的保额一般覆盖各种贷款的金额，比较理想的保额是年收入的10倍及以上。

◆ 保险条款

在配置意外险时，意外险的合同条款及产品说明书很重要，对于其中不能理解的条款或释义，投保人要与保险经理仔细沟通，特别是对于保险金、保险责任、责任免除等事项的说明。

案例故事 一年期综合意外险配置案例

　　刘先生去年投保的意外险到期，他觉得去年的意外险保额和保费相对较高，今年想配置一款相对优惠的，于是保险经理给他推荐了如下 3 种方案，具体产品详情如表 8-2 所示。

表 8-2　保障计划

项　　　目	明　　　细	方案一：自由型	方案二：基本型	方案三：全面型
一般意外	意外伤害身故和伤残	30 万元	10 万元	50 万元
	意外伤害医疗	5 万元	2 万元	10 万元
医疗保障	住院护理津贴	100 元 / 天	50 元 / 天	200 元 / 天
	猝死	30 万元	10 万元	50 万元
	救护车车费保险金	2 000 元	2 000 元	2 000 元
交通意外	飞机意外伤害身故和伤残	300 万元	200 万元	500 万元
	火车意外伤害身故和伤残	50 万元	20 万元	100 万元
	轮船意外伤害身故和伤残	50 万元	20 万元	100 万元
	汽车意外伤害身故和伤残	30 万元	10 万元	50 万元
健康保障	甲乙类传染病身故	20 万元	不投保	不投保
医疗服务	电话医学咨询	尊享	尊享	尊享
	意外住院医疗垫付	尊享	尊享	尊享
保费		307.9 元	130.4 元	538.5 元
		0.84 元 / 人 / 天	0.36 元 / 人 / 天	1.48 元 / 人 / 天

如上例所示，在刘先生可选择的 3 种方案中，保障项目相同，不同点在于保额及保费，相对来说保障范围较广，保障了意外身故、全残、医疗、住院津贴、救护车费用、猝死、交通意外、甲乙类传染病身故等，特别是在交通意外身故和残疾的保额配置上，保额都较高。

在配置意外险时，我们要注意如下事项：

①尽量配置消费型产品，对于返还型意外险要慎重。

②从实用性角度出发，在保障范围上，保障伤残即可。

③选择不限制社保、免赔额低、赔付比例高的意外医疗险种较好。

④可选择保障范围更广的险种，如猝死保障。

⑤评估责任免除条款与自身实际需求的一致性。

⑥一般意外险会对职业有要求，如承保 1 ~ 3 类职业，所以在配置前，要看自己的职业是否在承包范围内，否则会白买。

⑦对于意外险的生效期，一般越短越好，如果生效期较长，则需要注意在此期间的意外伤害保障是否会断档。

⑧意外险建议指定受益人，以避免理赔时出现家庭纠纷。

⑨意外险建议配置短期较好，如一年期，保费相对较低，而且每年险种、保额、保费都可以调整。

⑩意外险一般可以单独作为主险购买。

意外险相对于其他险种来说，性价比较高，不同的年龄及家庭阶段，意外险在配置上略有不同。对于家庭经济的顶梁柱，建议在意外伤残及身故上，配置较高的保额；而对于孩子和老人，重点要关注意外医疗的保障范围及保额高低。

8.2 职场人士，健康险早配置

怎么理解健康险？健康险的四大分类有哪些？职场医疗怎么配置才划算？职场重疾险的重点在哪里？女性重疾险有何不同？社保之外的健康险怎么配……

配置健康险，从四大分类的配置开始。

① 四大分类，简单选

健康险是主要以人的身体为保险标的，当被保险人出现疾病或意外事故伤害而导致家庭费用增加或者收入损失时，保险公司将赔付保险金的保险，一般包括医疗保险、疾病保险、收入保障保险、护理保险四大类：

◆ 医疗保险

简单理解就是医疗费用保险，是保险公司与投保人约定，以约定的医疗费用给付保险金的保险，包括医疗、住院、手术、护理、医疗设备等费用。不同保险公司推出的医疗险，在保障范围上具有一定的差异。

◆ 疾病保险

保险公司与投保人约定，以疾病为给付保险金条件的保险，包括普通疾病保险与重大疾病保险，通常是被保险人在确诊为特定疾病后，保险公司一次性支付保险金，该类保险一般保额较高。

◆ 收入保障保险

收入保障保险是以被保险人因意外伤害或疾病导致的收入损失为给付保险金条件的保险，保险公司会分期给付保险金，如按月或者按周，具体给付模式需要双方在保险合同中进行约定，最终给付方式以双方合同约定为准。

◆ 护理保险

护理保险是指为那些因年老、疾病、伤残等需要长期照顾的被保险人提供护理服务费补偿的保险，保险的范围包括家中看护、照顾式看护、中级看护、医护人员看护 4 个等级。

长期护理保险金的给付，一般以一年、数年、终身为期限，同时合同中一般会约定 20 天、30 天、60 天、90 天、100 天等免责期，通常免责期和保费成正比，而且长期护理险的续保相对容易。

不同的健康险，优劣不同，但健康险一般具有如表 8-3 所示的特点。

表 8-3　健康险具有的特点

项　　目	特　　点
保险期限	除了重大疾病保险，其他健康保险的保险期间较短，大多以一年期居多，如医疗保险
费率计算	健康险的费率计算主要以损失率为计算基础，此外还要考虑等待期、免责期、免赔额、给付比例、给付方式、给付限额等因素
风险控制	健康风险具有风险高、预测难、易失控等特点，因此，保险公司会在保险合同中，对于保险金的给付约定一些限制或者特约条款，如转换条款、免赔条款、等待期条款等
责任免除	一般健康保险，保险公司还会和投保人在合同中约定一些除外责任条款，如战争、军事、自杀或自杀造成的疾病、伤残、死亡等，这些保险公司会拒绝理赔，具体责任免除范围根据险种不同而不同，具体以合同条款为准

对于不同种类的健康险，我们可选择作为主险、附加险、组合险来配置，不同的家庭选择不同，最终应以实际需求为主，在后面的小节我们将详细说明。

❷ 职场医疗，小白配

作为工薪族，有了社保还需要配置其他医疗险吗？

投保了社保中的医疗保险，在门诊或者住院后，投保人是可以报销大部分费用的，但是不能百分百报销，而且社保的医保报销存在起付线、封顶线、自费药、进口药、报销比例等限制。

张先生做了一场手术，花费 30 万元，医保报销 16.8 万元，剩余个人需要自费 13.2 万元。如果张先生配置了商业医疗险，剩余的 13.2 万元就可以通过保险公司报销，会节省家庭开支。

商业医疗保险一般分为报销型和赔偿型。

报销型医疗保险是被保险人患病以后，在医院的医疗费用通过保险公司来报销的保险，包括门诊医疗费用和住院医疗费用。

赔偿型医疗保险是被保险人明确地被医院确诊为保险合同约定的某类疾病，保险公司根据合同约定金额赔偿给被保险人的保险。

对于工薪族来说，职场医疗险该如何配置呢？

案例故事 职场医疗险配置案例

由于常年熬夜加班，饮食不规律，刘先生的身体有些小毛病。

最近公司组织体检，通过各项检查后，刘先生决定给自己买一份商业医疗险，主要保大病，但他看了一下保险经理做出的方案，大病保险保费较高，而且他还担心体检不一定能通过，于是保险经理又给他推出了一款短期的医疗保险，保费相对较低，但是保额很高，具体详情如表 8-4 所示。

表 8-4 保障计划

项 目	保障项目	基 础 款	基础款 + 亚洲海外 医疗	基础款 + 恶 性肿瘤国际 二次诊疗	基础款 + 质子重离子
医疗保障	一般医疗保险	200 万元	200 万元	200 万元	200 万元
	特定疾病医疗保险金 （120 种特定疾病）	200 万元	200 万元	200 万元	200 万元
特色保障	质子重离子医疗保险 金（等待期 30 天）	–	–	–	100 万元
	恶性肿瘤国际二次诊 疗（等待期 90 天）	–	–	20 万元	–
	亚洲特定医疗保险金 （等待期 90 天）	–	600 万元	–	–
附加服务	恶性肿瘤第三方诊疗 费用保险金（恶性肿 瘤二诊）	1 次			
	住院就医安排费用保 险金	1 次			
	保费	333 元	450 元	375 元	344 元

　　该产品的最大特色在于不限社保，不仅保障一般医疗项目，还保障重大疾病项目，并且可实现较优的治疗手段，其中，重疾保障还包括了 120 种重疾，基础保额 200 万元，最高保额 400 万元，免赔额一万元。如果有社保，该款医疗险在保费上还会更划算。

　　在配置职场医疗险时，主要考虑如下四个因素：

　　◆　自身需求

　　主要从保费规划、自身身体健康状况、其他保障等出发，明确自己适合哪一类医疗险。从保费出发，是选择一般医疗保险还是选择高端医疗保险，两者的费用差异较大，要实现低保费高保障需要组合配置。

从自身的身体状况出发，明确是否需要配置重疾险，对于一些家中的遗传病史或者过往病史，看是否需要特定投保预防。

从已有的保障出发，确定医疗险的保额高低，与其他的保障进行互补，综合考虑，完善保障。

◆　续保容易

我们不能知道自己什么时候生病住院，所以最好使自身一直处于医疗保险的保障中。但是如上例所示，医疗保险的保障期限一般只有一年，在到期后，在不改变险种的前提下，要及时续保。

我们在选择医疗保险产品时，可以选择保证续保的产品，如果不能保证续保，则可能出现随着年纪增加保费增加以及因为体检不过，保险公司拒绝承保的情况。

◆　保障全面

在选择商业医疗险险种时，最好选择保障范围较广的，如上例所示，不仅包含一般医疗赔偿，还包括重疾险的赔偿，甚至有的组合还包括了亚洲海外医疗，该类保险都是套餐组合式的。

◆　保险条款

不管选择哪一类商业医疗险，都要仔细地阅读保险条款，特别是其中的责任免除条款，明确在哪种情形下或者因哪类疾病住院，保险公司是拒绝赔付的。此外还要关注免赔额、赔付比例、等待期等条款。

医疗保险配置时，首先会考虑能够报销的医疗费用，其次才是因为住院所产生的损失补偿。如考虑基础保障是否稳固；是否有社保及社保报销比例等限制，有无社保，医疗险的配置是不同的。

③ 职场重疾，重点配

作为一名工薪族，在已有社保的前提下，可不可以只简单地配置一款只针对重疾的保险呢？

案例故事 职场重疾配置案例

李先生最近打算配置一款重疾险，在保险公司的官网上，他对其中一款产品还比较感兴趣，具体如下：

产品特色。确诊可一次性赔付，最高赔付 50 万元；保障 100 种重大疾病；ICU 持续治疗已经达到 120 个小时，监护治疗无免赔；具有少儿款，全家都可购买。

投保详情。该产品适用出生满 28 天 ~ 65 周岁的人群；保险期限为 1 年。

保障计划。主要从保障项目及不同的方案来说明，如表 8-5 所示。

表 8-5　保障计划

保障类型	保障项目	少 儿 款	基 础 款	常 规 款	高 端 款
健康保障	重大疾病保险金	20 万元	20 万元	30 万元	50 万元
	重症监护室治疗保险金	—	2 万元	3 万元	5 万元
	保费	0 元	349 元	523 元	872 元

上例所示的重疾险就相对单一，主要是针对重大疾病投保，保费相对长期重疾险较低，还很有特色地增加了重症监护室治疗的保险金。

一般我们提到重疾险可能会认为得了重大疾病才理赔，但实际上，重大疾病中还包括轻症、中症。中国保险行业协会要求所有重疾险都必须包含 25 种重大疾病，这 25 种重大疾病占了所有重疾理赔的 95% 以上，所以一般重疾险只要包括了这 25 类重大疾病，保障就相对全面了。

对于其中的 25 类重大疾病，根据理赔需达到的 3 种状态，分类如表 8-6 所示。

表 8-6　25 类重大疾病

确诊即理赔	采取某种治疗手段后理赔	达到特定状态后理赔
恶性肿瘤	重大器官移植术或造血干细胞移植术	急性心肌梗死
多个肢体缺失	冠状动脉搭桥术（或称冠状动脉旁路移植术）	脑中风后遗症
急性或亚急性重症肝炎	良性脑肿瘤	终末期肾病（或称慢性肾功能衰竭尿毒症期）
慢性肝功能衰竭失代偿期	主动脉手术	脑炎或脑膜炎后遗症
双耳失聪	心脏瓣膜手术	深度昏迷
双目失明		瘫痪
严重阿尔茨海默病		语言能力丧失
严重帕金森病		严重脑损伤
严重Ⅲ度烧伤		
严重原发性肺动脉高压		
严重运动神经元病		
重型再生障碍性贫血		

根据新规，在原有的 25 种重疾基础上，新增了 3 种重疾：严重慢性呼吸功能衰竭、严重克罗恩病、严重溃疡性结肠炎。同时 3 种轻症必保：轻度恶性肿瘤、较轻急性心肌梗死、轻度脑中风后遗症。

那么，家庭或个人该如何配置重疾险呢？首先是明确重疾险的用途，它和一般的医疗险或医保有区别。其次是确定家庭或者个人重疾险的预算，一般占年收入的 5% ~ 6% 是比较合适的。然后是确定重疾险的保额，建议配置在 5 倍年收入以上较好。再次是确定被保险人的保障期间，有的产品保障到 65 周岁，有的产品会保障至终身，具体问题具体分析。最后是确定保障的范围，一般 28 类重大疾病及一些轻症，都要包括在内比较好，但对于一些特定人群，如女性人群，适用的重大疾病有一定的差别，后面小节我们将详细说明。

④ 女士重疾，特殊理

随着现代生活节奏越来越快，无论是职场女性还是全职妈妈，身上的压力都越来越大，那么女士们需不需要配置重疾险呢？如果配置，与一般的重疾险又有何不同？

女性重疾险不仅包括了寿险的重大疾病的保障范围，更是针对女性的生理特征设立了相关险种。不管是女士还是男士，都需要配置重疾险，特别是工薪一族，毕竟疾病并不会分男女，女性同样存在一定的高发疾病，而这些疾病不会因为性别、年龄、收入等不同而不同。一旦发生，对于家庭来说，就意味着大额支出，给家庭造成重大的经济压力，所以需要提前预防与保障。

案例故事 女性重疾配置案例

李女士最近带妈妈体检，医生告诉她，妈妈其他情况还好，就是有一点子宫肌瘤，没有什么大问题，但是要定期检查，避免恶化。李女士想给妈妈买一份女士重疾险，假如妈妈因子宫肌瘤需要手术住院，可以提供保障。但保险经理告诉她，妈妈现在不能购买，但是李女士可以给自己配置一份，下面几种方案，她可以参考一下。

对于该险种，她可以从产品特色、投保详情、保障计划、保险责任、责任免除、责任义务等方面去理解。

产品特色。产品全面涵盖了女性特有的癌症保障，并且可以一次性赔付，先赔付再治疗。

投保详情。该产品适用于 18~59 岁的女性；保险期限为 1 年。

保障计划。主要从保障项目及不同的方案来说明，如表 8-7 所示。

表 8-7　保障计划

保障类型	保障范围	方 案 一	方 案 二	方 案 三
健康保障	乳腺癌保险	5 万元	10 万元	20 万元
	其他妇科癌症保险	5 万元	10 万元	20 万元
专享服务	重疾绿色通道服务	赠送	赠送	赠送
	保费	70 元	140 元	280 元

保险责任。主要可以从保险期间、保障种类、给付条件等进行说明，如图 8-4 所示，保险期间为等待期满之日起至保险期间终止的期间，保障的女性疾病主要有乳腺癌、子宫内膜癌、子宫颈癌、卵巢癌等。

保险责任
第五条　自保险期间开始且保险单载明的**等待期**满之日起（续保从续保生效日起），至保险期间终止之日止，被保险人经符合本保险合同第二十六条释义规定的医院（以下简称"释义医院"）初次确诊罹患下列一种或多种原发性妇科癌症，保险人按本保险合同的约定给付保险金。

（一）乳腺癌症
（二）子宫内膜癌症
（三）子宫颈癌症
（四）卵巢癌症
（五）输卵管癌症
（六）阴道癌症

图 8-4　保险责任

责任免除。在哪些情形下，保险公司对于被保险人的疾病是不会承担赔偿金的责任的，一般都会通过保险合同或者产品说明书中的责任免除条款进行规定。

一般在投保前被保险人已经发生原发性妇科癌症、所患妇科疾病非原发性癌症、遗传性疾病等情形，保险公司都会拒绝理赔，如图 8-5 所示。不同保险公司的女性重疾险对于责任免除的规定存在一定的差异，具体应以保险合同条款为准。

责任免除

第六条 发生下列情形的，保险人不承担给付保险责任：

（一）在投保前（或续保前）被保险人已患原发性妇科癌症；

（二）被保险人所患妇科癌症为非原发性癌症症；

（三）被保险人未遵医嘱，私自服用、涂用、注射处方药物；

（四）投保人对被保险人的故意杀害、故意伤害；

（五）被保险人服用、吸食或注射毒品；

（六）遗传性疾病，先天性畸形、变形或染色体异常。

第七条 被保险人在患性病、患艾滋病或感染艾滋病病毒期间，罹患原发性妇科癌症的，保险人不承担给付保险金责任。

图 8-5 责任免除

责任义务。主要包括投保人、被保险人、保险人的义务，特别要注意因为投保人的原因，保险人有权解除保险合同，并且如果投保人故意不履行如实告知义务的，保险人对于合同解除前发生的保险事故，不仅不会承担保险金，还不会退还保费，如图 8-6 所示。

投保人、被保险人义务

第十五条 除另有约定外，投保人应当在保险合同成立时缴清保险费。

第十六条 订立保险合同，保险人就被保险人的有关情况提出询问的，投保人应当如实告知。

投保人故意或者因重大过失未履行前款规定的义务，足以影响保险人决定是否同意承保或者提高保险费率的，保险人有权解除本保险合同。

前款规定的合同解除权，自保险人知道有解除事由之日起，超过三十日不行使而消灭。自合同成立之日起超过二年的，保险人不得解除合同；发生保险事故的，保险人应当承担给付保险金责任。

投保人故意不履行如实告知义务的，保险人对于合同解除前发生的保险事故，不承担给付保险金责任，并不退还保险费。

投保人因重大过失未履行如实告知义务，对保险事故的发生有严重影响的，保险人对于合同解除前发生的保险事故，不承担给付保险金责任，但应当退还保险费。

图 8-6 责任义务

如上例所示，女性重疾险在保障种类、保险金额、适用人群上与一般的重疾险存在一定的差异。对于女性重疾险的配置，一般可以从如下 4 个方面着手，仅供参考。

保障范围。不同的保险公司对于女性重疾险保障的疾病种类会存在一定的差别，但无论是哪一家保险公司推出的保险险种，投保人都应尽量选择保障范围较广的险种。

保费高低。对于不同保险公司推出的女性重疾险，在保障种类相同的情况下，可以考虑选择保费相对优惠、理赔迅速的保险公司的保险产品进行购买。

保额大小。一般对于保额的选择要考虑家庭实际需求，不要过高或者过低，可以参考重疾险的保额配置。

责任免除。一般保险合同条款规定的除外责任越少，对于被保险人越有保障，具体应以合同条款为准。

不同的年龄阶段，不同的家庭需求，在女性重疾险的配置上具有一定的差异，家庭或者个人在配置女性重疾险时，不仅要考虑上述因素，还需要根据家庭的预算、年收入、其他家庭险种的配置等综合考虑。

如果已经选定一家保险公司，可以将自身需求、已有保障、家庭预算等告知保险经理，让其为你制订一份投保方案，方案中最好包括重疾险和其他家庭需要的健康险，实行组合配置，相对更有保障，也更划算；这样不仅能在一定程度上节省保费，也避免重复投保。

⑤ 无医保，全面配

对于个体户、创业者、待业人群，如果没有购买社保，配置商业保险就非常有必要，那么对于这一部分人，保险该如何配置呢？

一般可以从医疗险、意外险、重疾险、定期寿险来考虑，可实行组合式配置，如医疗＋重疾或医疗＋意外。

（1）医疗险＋重疾险

医疗保险大多属于报销型的保险，即看病花多少报多少，如有些保险公司推出的百万元医疗，保费低，保额高，一些自费项目和医保限制用药都能报销，有的医疗险甚至能对 ICU 的费用报销一部分。而有的医疗险能将一般医疗费用和重大疾病保险结合起来，作为综合医疗的一种。

案例故事 综合医疗配置

章女士作为自由职业者，没有购买社保，因为工作压力、身体状况、饮食作息、年龄渐长等因素，最近几年她都每年给自己配置一份重疾保险，但是费用较高，而且一般医疗报销较低。她正考虑重新配置一份一般医疗和重大疾病保额都较高且保费相对便宜的保险，保险经理刘先生结合她的情况及需求，推荐了如下一款医疗险。

对于该险种，章女士可以从产品特色、投保详情、保障计划等方面去理解。

产品特色。产品保障一般疾病 +100 种重大疾病＋意外伤害，最高保额 600 万元，而且在责任范围内 100% 赔付，出险后也可续保，全家人都适用。

投保详情。该产品适用出生满 28 天 ~ 60 周岁的人群，续保可至 99 周岁，保险期限为 1 年。

保障计划。主要从保障项目及不同的方案来说明，如表 8-8 所示。

表 8-8　保障计划

保障类型	保障范围	保额及保费
健康保障	一般医疗费用保险责任	300 万元
	重大疾病医疗费用保险责任（100 种特定疾病）	300 万元
	质子重离子医疗费用保险责任	100 万元
	特殊门诊诊疗费用及门诊手术医疗费用保险责任	300 万元
	重大疾病保险责任	1 万元
专享服务	住院垫付	专享
保费（无社保）		508 元 / 年
保费（有社保）		244 元 / 年

如上例所示，该医疗险的一般医疗费用、重大疾病医疗费用、门诊费用的报销费用都在 300 万元，保额高。同时保费相对单独配置长期医疗险或者重疾险低，且还可续保至 99 周岁。

但该类产品一般不会保证续保，购买时虽然无体检的强制要求，但是会要求投保人及被保险人进行健康告知，且对于因为意外或者疾病导致的收入损失、营养费、护理费等没有赔付，主要报销的是医疗费用。

（2）医疗险 + 意外险

无论有无社保，配置一定的意外险都很有必要。意外险和医疗险进行组合，无论是在保费还是保障项目上都比较划算。

案例故事　意外医疗配置

李女士因为工作原因，日常出差较多，她想给自己配置一份意外险，她和朋友圈的刘女士沟通后，刘女士给她推荐了一款职场综合意外及医疗保险，具体如下：

产品特色。产品保障人身、健康、交通等方面，保障全面，而且最高保额 800 万元，适用人群较广。

投保详情。该产品适用 18 ～ 64 周岁《职业分类表》中的 1 类职业；保险期限为 1 年。职业的分类一般常分为 5 类，如表 8-9 所示。

表 8-9　职业分类

行　业	职业分类	具体职业分类说明	职业分类等级
健康保障	常用职业	行政管理人员	1
	金融业	内勤人员	2
	公检法机关	常规警察、执法人员	3
	文化教育	特殊学生	4
	出版广告业	广告招牌架设人员	5

不同的保险公司对具体的职业种类明细规定会存在一定的差异，上表只做了简单的列示，具体应以保险公司的合同约定为准。

保障计划。主要从保障项目及不同的配置方案来说明，如表8-10所示。

表8-10　保险的保障内容

保障类型	保障范围	方案一：基本型	方案二：中等性	方案三：全面型
意外保障	意外身故、伤残	10万元	20万元	50万元
	意外医疗	2万元	5万元	10万元
医疗保障	猝死	10万元	20万元	50万元
	疾病住院医疗	1万元	2万元	4万元
	重大疾病	20万元	30万元	50万元
	住院误工津贴	20元/天	50元/天	100元/天
交通保障	飞机意外身故、伤残	50万元	200万元	800万元
	火车意外身故、伤残	10万元	20万元	100万元
	轮船意外身故、伤残	10万元	20万元	100万元
	汽车意外身故、伤残	5万元	10万元	30万元

如上例所示，在配置意外险或者医疗险时，可实现组合配置，同一险种不仅保障意外身故、伤残，还能报销医疗费用及获得住院误工津贴。

（3）定期险

对于定期险的配置，比较适合前面章节我们提到的分红险、投连险、万能险、年金险等，配置后不仅可以享受一定的保障，在持有期间还能享有一定的理财收益，具体险种的配置，前面已有详细说明，这里不重复介绍。

对于非社保的人群，一般建议要综合考虑保险的配置，其中意外、医疗、重疾是重点，而具有理财需求的人群，可以考虑配置适合自身需求的理财险。

第**9**章

减少家庭支出
教育险来辅助

对于工薪族来说，每年的房贷和孩子的教育支出是家庭的两大重要开支，特别是孩子的教育开支，随着孩子年龄增长而不断增加。如果有一种保险不仅可给孩子的医疗支出、意外、伤残等提供保障，还能获得一定的理财收益，并且能解决孩子的一部分教育费用，甚至孩子还能获得创业金，你会不会考虑？教育险就是基于这样的存在。

9.1　关于教育险，最简单的干货

教育险是买给孩子还是大人？现在市场的教育险有哪些？教育险一般适合哪种家庭？配置家庭教育险，基本的"干货"要储备。

❶ 教育险保孩子还是大人

教育险又称为子女教育保险，是以为孩子准备教育金为目的的保险。保障的对象主要是大人还是孩子呢？我们通过一个案例来说明。

案例故事 李先生的教育险配置

最近，李先生给一周岁的宝宝投保了一份教育险，具体如下：

投保详情。主合同的基本保额为 1 万元，保障期限是合同生效日至 25 周岁，保费为 3 246.39 元，交费期限为 5 年。在附加合同中规定，高中、大学教育金保额为 1 万元，重大疾病保险保额为 10 万元、长期住院津贴保额 150 元、长期意外伤害医疗保险保额 1 万元、定期寿险保额为 5 万元。

产品特色。全面保障，教育金保额最高可达 410 万元、85 种重疾最高保额 100 万元、住院津贴最高保额 18 万元，补贴最长天数可到 600 天，不限社保。此外还附加长期意外医疗保障，为意外门诊伤害和住院花费保障，且保险期间内累计可赔付 10 倍附加险保额，最高可达 20 万元。其中意外住院赔付额为住院天数 ×200%× 附加合同基本保额，疾病住院赔付额为住院天数 ×100%× 附加合同基本保额。若投保人在等待期后不幸身故或者得重疾，可免交后续保费。家庭可根据自身需求，自由灵活地定制交费年限、险种、保费等。

保障计划。主要从身故金、教育金、重大疾病保险金、住院津贴、保费豁免、满期金等方面进行说明，如表 9-1 所示。

表 9-1 保障内容

保障内容	领取条件
身故保险金	在保险期间，若被保险人身故，保险公司将向受益人给付投保人累计已支付的主合同的全部保费（不含利息）
教育金	在保险期间内，若被保险人生存至 18 周岁至 24 周岁，保险公司将按主合同的基本保额的 10% 向受益人给付教育年金。其中在被保险人 15 周岁到 21 周岁，保险公司分别按附加合同基本保额的 100% 向受益人给付高中和大学的教育金
重大疾病保险金 + 特定重大疾病保险金	在保险期间内，若被保险人在等待期后初次发生并经医院首次确诊患有附加合同所规定的重大疾病，保险公司将按基本保额向受益人给付重大疾病保险金。如确诊为合同规定的特定重大疾病的，保险公司按附加合同基本保险金额的 100% 向受益人给付特定重大疾病保险金
意外住院津贴	在保险期间，若被保险人因意外伤害导致住院的，住院津贴 = 被保险人实际住院天数 × 附加合同基本保额的 200%
疾病住院津贴保险金	在保险期间内，若被保险人因保障疾病导致住院的，住院津贴 = 被保险人实际住院天数 × 附加合同基本保额
意外医疗保险金	在保险期间，若被保险人遭受意外伤害并且自该意外伤害发生之日起 180 天内因为该意外伤害在定点医院治疗发生的合理的医疗费用，保险公司将按合同约定向受益人给付医疗保险金
豁免保险费	在保险期间，在一定的情形下，如被保险人初次发生并经医院首次确诊患有合同所规定的重大疾病或投保人身故、全残，保险公司将豁免保单上载明的主合同及附加合同剩余的各期保险费
满期保险金	在保险期间，若被保险人在 25 周岁的保单周年日仍生存且合同有效，保险公司将按主合同的基本保额的 50% 向受益人给付满期保险金，然后主合同及其所有附加合同效力一并终止

通过上例可知，李先生给宝宝购买的这份教育险是比较全面的，但无论是教育金还是满期金的领取，都需要满足一定的条件。领取固定的金额，

如通过附加合同从 15 周岁开始，每次领取 1 万元教育金，领取到 21 周岁，满期后一次性领取满期金 5 000 元。而对于意外住院、医疗、住院津贴等的赔付，按照相应的合同约定进行。

在这份教育险里，李先生是投保人，家里的孩子是被保险人，无论是意外住院、医疗、身故还是教育金，都是对孩子的保障，所以教育险是保障孩子的权益，而非大人，教育险更是父母送给孩子爱的礼物。

教育险除了保障孩子，还具有一定的特色，具体如下：

①如同个人养老账户一样，教育险也是独属于孩子的，需专款专用。

②领取时间有弹性，可选择从高中开始，也可选择从大学开始领取教育金，甚至到期一次性领取，具体以家庭实际需求为主。

③领取金额固定，不管是领取高中教育金还是大学教育金，一般每次领取的金额都是固定的。

④解决孩子大额学费支出，如可解决孩子大学教育金、深造金、创业金等大额学费支出。

⑤很多教育险都具有保费豁免的功能，以免孩子因家长身故或全残，无法支付保费，从而失去保障。

⑥一般很多家长配置教育险会选择年缴，通过每年定期交费，每年定额支出，从而要求家庭合理规划家庭支出，每年定期存入，强制储蓄。

⑦教育险不仅可以为孩子储备教育金，而且在保险期间还可以对孩子的疾病、意外、伤残等实行保障。

⑧一些理财类的教育险能在一定程度上抵御通货膨胀和利率波动的影响，实现家庭的资产增值。

② 可供选择的产品有哪些

市场上的教育险那么多，我们该选择哪一种呢？

教育险作为少儿险的一种，从保障期限上可以简单分为终身型和非终身型，上一节中李先生为孩子购买的教育险就属于非终身型，只保障到孩子 25 周岁。

现在保险市场中的大多数教育险产品都属于非终身型，主要体现专款专用的功能。而终身型的教育险，在孩子小时候作为教育金，年老时可以作为养老金，一般该类教育险大多以年金险的形式存在。

除上述两大类外，现在市场中教育险一般还分为三大类：纯粹型教育险、固定返还教育险、理财型教育险。其中，纯粹型教育险保障功能较弱，主要通过配置该教育险，为孩子积累教育金；固定返还教育险是双方约定期限，在一定时期，保险公司固定返还一定金额作为孩子教育金的保险；理财型教育险是通过配置分红险、投连险、万能险、年金险等理财保险，将其中的理财收益作为孩子的教育金。

根据教育金返还方式，还可以分为如下三大类：

①从交费日起，每隔几年返还一定的金额。

②在特定的时间才开始返还，如孩子高中或者大学。

③在约定的时间一次性返还，如孩子大学毕业。

根据不同的分类标准，教育险可分为不同的种类。不同的家庭，适用的险种也不同，在配置时应从家庭实际需求出发，选择合适的险种。下面我们来看一看纯粹型教育险。

案例故事 纯粹型教育险的配置

最近，唐先生给 3 个月大的宝宝投保了一份教育险，具体如下：

投保详情。基本保额为 75 480 元，保障孩子至 30 岁，保费为 15 000 元，交费期限为 3 年。

产品特色。到期累计领取额可高达保费的 2.94 倍，现金价值按照年复利计算，保单贷款利率较低，多种方案自由定制。

保障计划。主要从教育金、满期金、身故金来规划，如表 9-2 所示。

表 9-2 保障计划

保障内容	领取条件
大学教育金	在保险期间，如果被保险人于 18 周岁至 21 周岁的合同约定的领取日生存，保险公司向受益人给付大学教育保险金。 年领取金额 = 已交纳的合同保费数额的 20% 月领取金额 = 年领取金额 ×0.088
满期保险金	若被保险人于年满 30 周岁后的合同首个年生效对应日生存，保险公司按合同基本保额给付满期保险金
身故保险金 （已交保费与现金价值的较大者）	若被保险人身故，保险公司按以下两项的较大者给付身故保险金：已交纳的合同的保费数额或被保险人身故之日合同的现金价值

上述的教育险，保障的内容相对简单，配置该教育险主要就是为了获得孩子的大学教育金。而教育金的领取与个人缴纳的保费相关，这里是合同缴纳保费的 20%，同时该产品还配置了一定的身故保障。

对于该险种，一般有三种配置方案：大学教育金 + 满期金 + 身故金；深造教育金 + 满期金 + 身故金；大学教育金 + 深造教育金 + 满期金 + 身故金。在这里我们展示了最简单的配置，而配置的项目多少与保费成正比，具体配置哪些项目，支付多少保费，需要从家庭预算、收入、支出等综合考量。

9.2　教育险的收益，到底在哪里

教育险的收益怎么算？教育险是不是只有年金收益？一次性领取的创业金哪里来？教育险的最终收益有多少？

① 自由定制，教育险收益总计算

教育险的收益主要包括固定领取的教育金、创业金、保额等，那么，综合收益如何计算？同样以案例说明如下：

案例故事 教育险的综合收益计算

最近，张先生给 6 个月大的宝宝投保了一份教育险，具体如下：

投保详情。保障期限为合同生效至被保险人年满 25 周岁的保单周年日零时，保费为 1 万元，交费期限为 10 年。

产品特色。在一定时期，年年给付大学教育金；并且从 18 岁开始到合同终止，保险公司每月给付生活津贴；满期后，可领取成家立业金；享有保费豁免的权利。

保障范围。主要可以从保费、身故金、现金价值、当年红利进行规划，如表 9-3 所示，我们只做交费年度的部分展示。

表 9-3　保障内容

单位：元

保单年度	当年保费	身故金	现金价值	当年红利		
				低档	中档	高档
1	10 000	10 250	4 900	31	124	218
2	10 000	20 750	12 320	78	310	542
3	10 000	31 500	20 560	127	508	888

保单年度	当年保费	身故金	现金价值	当年红利		
				低档	中档	高档
4	10 000	42 500	29 430	178	711	1 244
5	10 000	53 750	38 800	230	919	1 609
6	10 000	65 250	48 670	283	1 133	1 983
7	10 000	77 000	59 050	338	1 353	2 367
8	10 000	89 000	70 040	395	1 578	2 761
9	10 000	101 250	81 580	452	1 809	3 166
10	10 000	113 750	93 720	512	2 046	3 581

收益合计。在孩子 18 ~ 21 周岁的保单周年日，每年可领取大学教育金 6 486 元；在孩子年满 25 周岁的保单周年日，可领取成家立业金 32 430 元；同时以 18 ~ 25 周岁保单周年日前一日为截止时间，每月在合同生效日的该月的对应日，可领取生活费补贴 972.9 元。综合收益可达到 15 万元以上。

如上例所示，该教育险属于中长期的、非终身型的教育险，身故金、现金价值、红利等逐年增加，每年保费不变，都为 1 万元。

该教育险属于分红型的教育险，投保人参与保险公司的盈利分红，如上就展示了高中低档红利。但是如上红利只是保险公司的估算假设，不代表保险公司的历史经营业绩及未来经营业绩预期，保险公司的红利具有不确定性，具体应以实际分配为准。

保险公司最终给付的教育金是根据保费、保单现值、公司红利等综合因素，给出的一个固定金额，有的教育金是基于基本保额的百分比，具体应以保险合同条款为准。

② 费用减负，分阶段领取教育金

孩子的教育金到底什么时候领取最合适？能不能多个阶段领取？看下面的一个案例。

案例故事 分阶段领取教育金

最近，张先生给 7 岁的孩子投保了一份教育险，具体如下：

投保详情。基本保额为 7 293.1 元，保障期限为合同生效日至被保险人年满 30 周岁的保单周年日零时，保费为 1 万元，交费期限为 10 年。

产品特色。根据孩子的不同教育阶段，分别领取教育金，是纯教育金的一种，专款专用。

保障范围。主要可以从保费、分段领取教育金、身故金、现金价值、进行规划，如表 9-4 所示，我们也只做部分展示。

表 9-4　保障计划

保障内容	领取条件
高中教育金	在合同有效期内，在被保险人 15 ~ 17 周岁期间，保险公司将分别按基本保额的 40% 给付高中教育金
大学教育金	在合同有效期内，在被保险人 18 ~ 21 周岁期间，保险公司将分别按基本保额的 80% 给付大学教育金
深造教育金	在合同有效期内，在被保险人 22 ~ 24 周岁期间，保险公司将分别按基本保额的 100% 给付深造教育金
成家立业金	在合同有效期内，被保险人年满 30 周岁，保险公司将按合同实际交纳的保险费的 120% 给付成家立业金，合同终止

此外，在合同有效期内，若被保险人身故，保险公司将按被保险人身故时合同的现金价值或实际交纳的保险费中较大值给付身故保险金。

现金价值演示。保险公司根据一定的精算及其他假设，对该保险的现金价值进行了如下演示，如表 9-5 所示。

表 9-5 现金价值演示

单位：元

年　度	年　龄	年缴保费	高中教育金	大学教育金	深造教育金	现金价值
1	7	10 000	0	0	0	3 948.30
9	15	10 000	2 633.28	0	0	77 939.30
10	16	10 000	2 633.28	0	0	88 378.70
11	17	0	2 633.28	0	0	90 908
12	18	0	0	5 266.56	0	93 590.40
13	19	0	0	5 266.56	0	93 642.20
14	20	0	0	5 266.56	0	93 697.10
15	21	0	0	5 266.56	0	93 755.20
16	22	0	0	0	6 583.20	93 816.60
17	23	0	0	0	6 583.20	92 485.10
18	24	0	0	0	6 583.20	91 072.60

　　根据如上的现金价值演示，从保单的第 9 个年度开始，每年领取孩子的高中教育金 2 633.28 元，连续领取 3 年；从保单的第 12 个年度开始，每年领取孩子的大学教育金 5 266.56 元，连续领取 4 年；从保单的第 16 个年度开始，每年领取孩子的深造教育金 6 583.20 元，连续领取 3 年。

　　不同阶段领取的教育金，随着保单保费及保单现金价值的增加而增加，除此之外，在持有保单的第 24 个年度，还可以一次性领取创业金 12 万元。

　　如上例所示，张先生在孩子的不同教育阶段，通过教育金的领取，减轻了家庭负担，节省了家庭开支。但是要注意上述的现金价值只作为配置参考，不能作为实际的收益或者预期，实际能领取的教育金及创业金等要以合同约定的为准。

一般在申请退保时，退回的本金是以保单的现金价值为依据的。在保单配置的前几个年度，保单现现金价值的现金价值是远远低于保单所缴纳的保费的，如上述的教育险，保单现金价值的前两个年度都低于所缴纳的保费，特别是第一年度，保单现金价值很低。所以在前几年退保是会损失本金的。在配置前，对于保费、保额、期限等一定要仔细考虑，配置以后就不要轻易退保。

9.3　教育险理财，相关事项看一看

家庭教育险怎么配置才划算？配置单纯教育险还是理财教育险？产品资料看哪些？配置教育险，注意事项有哪些？

① 产品资料仔细读

在教育险配置前，在已经选定保险平台的前提下，一定要注意在投保前仔细阅读相关产品条款、保险费率表、投保须知、免责声明、人身保险投保提示、重大疾病投保提示、保单事项等说明。

（1）产品条款

对于教育险的产品条款主要从保险责任、犹豫期、费用扣除、退保、保单现金价值、投保人和被保险人义务等方面去关注。每一条条款都要仔细阅读，对于不理解的条款要向保险经理咨询清楚，避免损害投保人、被保险人、受益人的权益，甚至在后期出险理赔纠纷。

产品的保险条款、保险责任及责任免除很重要，一般在产品条款中都会进行着重说明，如图 9-1 所示，对于身故金、高中教育金、大学教育金的规定，都是保险公司将对被保险人在保险期间承担的责任。

第二章 保障范围及责任免除

3. 投保范围 符合我方规定投保条件者可作为被保险人参加本保险。

4. 保险责任 在本附加合同保险期间内，我方承担以下保险责任：

一、身故保险金
如果被保险人身故的，我方将按以下两项的较大者向受益人给付身故保险金：
1. 被保险人身故时本附加合同项下累计已支付的全部保险费；
2. 被保险人身故时本附加合同的现金价值。
本附加合同自被保险人身故时起效力终止。

二、年金
（一）高中教育年金
被保险人在 15 周岁、16 周岁、17 周岁的保单周年日'生存的，我方分别按本附加合同基本保险金额的 100%向受益人给付高中教育年金。

（二）大学教育年金
被保险人在 18 周岁、19 周岁、20 周岁、21 周岁的保单周年日生存的，我方分别按本附加合同基本保险金额的 100%向受益人给付大学教育年金。

图 9-1　保险条款

（2）投保费率

我们在配置教育险时，除了要考虑家庭收入、预算、支出、其他险种等之外，对于该教育险的投保费率，也需要有一定的认知，如表 9-6 所示。

表 9-6　年交保险费率表

年交保险费率表			
每 1 000 元基本保险金额			单位：人民币元
性别	男		女	
交费期限 投保年龄	5 年交	10 年交	5 年交	10 年交
0	130.05	71.33	130.10	71.34
1	135.27	74.20	135.31	74.20
2	140.70	77.18	140.73	77.17
9	185.37	–	–	185.28
13	216.98	–	–	216.81

如上表的展示部分，同一险种，保险费率会因为性别、年龄、交费期

限等存在一定的差异。对于保险费率，如果是在网上投保，可以在线咨询保险客户经理或在该险种下查看该产品是否进行了费率告知，一般都会列示。如果是在线下购买，可以要求保险经理进行告知。最终从自身需求出发，评估需要缴纳的保费，做出合理的资金安排。

（3）投保须知

一般在线投保，保险公司都会列示出该险种的投保须知，投保须知和投保人、被保险人、受益人的权益息息相关，投保人要引起重视，如图9-2所示。

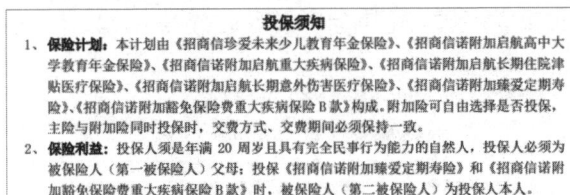

投保须知

1、**保险计划：**本计划由《招商信诺珍爱未来少儿教育年金保险》、《招商信诺附加启航高中大学教育年金保险》、《招商信诺附加启航重大疾病保险》、《招商信诺附加启航长期住院津贴医疗保险》、《招商信诺附加启航长期意外伤害医疗保险》、《招商信诺附加臻爱定期寿险》、《招商信诺附加豁免保险费重大疾病保险B款》构成。附加险可自由选择是否投保，主险与附加险同时投保时，交费方式、交费期间必须保持一致。

2、**保险利益：**投保人须是年满20周岁且具有完全民事行为能力的自然人，投保人必须为被保险人（第一被保险人）父母；投保《招商信诺附加臻爱定期寿险》和《招商信诺附加豁免保险费重大疾病保险B款》时，被保险人（第二被保险人）为投保人本人。

图 9-2　投保须知

如上图所示的投保须知，主要对保险计划、保险利益、产品性质、阅读条款、保单形式、投保人解除合同的风险等进行了说明（效果只展示了部分），这些事项在投保以前我们就需要明确。

（4）免责声明

教育险的免责声明主要体现为在哪些情形下，保险公司会拒绝给付身故金，一般保险条款会进行说明或者单独列示免责声明，如图9-3所示。

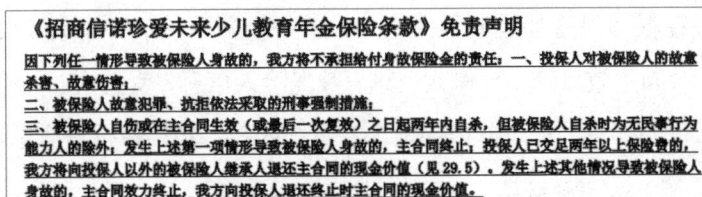

《招商信诺珍爱未来少儿教育年金保险条款》免责声明

因下列任一情形导致被保险人身故的，我方将不承担给付身故保险金的责任：一、投保人对被保险人的故意杀害、故意伤害；

二、被保险人故意犯罪、抗拒依法采取的刑事强制措施；

三、被保险人自伤或在主合同生效（或最后一次复效）之日起两年内自杀，但被保险人自杀时为无民事行为能力人的除外。发生上述第一项情形导致被保险人身故的，主合同终止；投保人已交足两年以上保险费的，我方将向投保人以外的被保险人继承人退还合同的现金价值（见29.5）。发生上述其他情况导致被保险人身故的，主合同效力终止，我方向投保人退还终止时主合同的现金价值。

图 9-3　免责声明

（5）人身保险投保提示书

对于人身保险投保提示书，主要从保险机构和销售人员的合法资格、选择人身保险产品考虑因素、保险合同的条款内容、犹豫期、退保、理财保险的风险与特点、人身保险与金融产品区别、关于健康保险的产品特性与特别条款、为子女投保注意事项、投保资料填写、如实告知、客户回访、关于保险公司的综合偿付能力及风险综合评级等项目进行提示与告知。

（6）重大疾病保险投保提示

重大疾病保险投保提示主要对重疾险的保险责任、责任免除、保险期限、退保事项、各种重大疾病的范围与释义等进行提示，如图9-4所示。

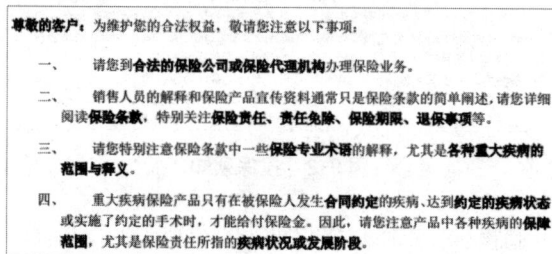

尊敬的客户：为维护您的合法权益，敬请您注意以下事项：

一、　请您到**合法的保险公司或保险代理机构**办理保险业务。

二、　销售人员的解释和保险产品宣传资料通常只是保险条款的简单阐述，请您详细阅读**保险条款**，特别关注**保险责任、责任免除、保险期限、退保事项**等。

三、　请您特别注意保险条款中一些**保险专业术语**的解释，尤其是**各种重大疾病的范围与释义**。

四、　重大疾病保险产品只有在被保险人发生**合同约定**的疾病、达到**约定的疾病状态**或实施了约定的手术时，才能给付保险金。因此，请您注意产品中各种疾病的**保障范围**，尤其是保险责任所指的**疾病状况或发展阶段**。

图9-4　重疾险投保提示书

此外，保险公司一般还会对约定的疾病状态、疾病状况或发展阶段、等待期、体检等事项进行说明，并提示我们在投保时仔细阅读。

（7）核对保险单

在投保前，我们可以通过别人的投保单，明确保单的主要事项有哪些，特别是现在很多保险都是电子保单。保单一般主要包括合同成立日期、合同编号、合同生效日期、投保人信息、被保险人信息、受益人、保险项目、年金领取说明、总公司及分公司地址、特别约定、销售机构等信息。

此外，一般在保单的后面还会进行特别提示，投保人要仔细阅读合同条款中对责任免除条款、免赔额、免赔率、赔付比例、退保条款、犹豫期条款等的说明。在我们投保以后，要仔细核对投保人、被保险人、保险项目信息，如有信息错误，要及时与保险公司联系。

一般对于组合购买的所有险种，都会在保单中通过保险项目进行列示，如图9-5所示。其中还包括了详细的险种名称、保险期间、交费期间、基本保险金额、当期保险费等信息。

保险项目:					币值单位：人民币元	
被保险人	险种名称	保险期间	交费期间	交费方式	基本保险金额	当期保险费
■■■	招商信诺珍爱未来少儿教育年金保险	25年	10年	年交	10000.00	713.40
■■■	招商信诺附加启航重大疾病保险	25年	10年	年交	10000.00	22.70
■■■	招商信诺附加启航长期住院津贴医疗保险	25年	10年	年交	50.00	167.40
■■■	招商信诺附加启航高中大学教育年金保险	21年	10年	年交	10000.00	5206.10
■■■	招商信诺附加启航长期意外伤害医疗保险	25年	10年	年交	5000.00	147.20
■■■	招商信诺附加豁免保险费重大疾病保险B款	同主险	10年	年交	6256.80	67.95
					当期保险费合计:	6324.75

图9-5　保险项目

当然，除上述内容外，保单还会对保单现金价值、保险条款、售后服务等进行说明。一般保单都需要加盖单位红字公章，即使是电子保单也会加盖。因为组合的险种区别，有的保单的页数较多，所以一定要仔细读完，以免错过一些重要事项的说明。

除了上述的一些注意事项，我们还需要了解配置该公司产品会面临的风险，如解除保险合同风险、收益不确定性风险、财务交费风险、其他相关风险等，所以要求理财者在配置前慎重决策。

❷ 组合配置最划算

在配置孩子的教育险时，一般建议组合配置，保障更全面，保费更优惠，产品保障一般是兼顾孩子教育金、意外医疗门诊、住院、重疾、伤残等事项。如果意外医疗门诊、住院、重疾等单独购买，相对花费更多，也可能出现重复投保的情形，所以教育险中能附加这些保障就更划算。

案例故事 张先生的教育险组合配置计划

最近，张先生给1周岁的宝宝投保了一份教育险，具体如下：

投保详情。主合同基本保额为2万元，保障期限为合同生效日至25周岁，保费为7706.92元，交费期限为10年。其中附加合同中，高中/大学教育金保额为1万元，重大疾病保险保额为10万元、长期住院津贴保额150元、长期意外伤害医疗保险保额5000元、定期寿险保额为5万元。

产品特色。产品保障全面，包括高中/大学教育金、长期意外伤害住院医疗保障、住院津贴、重大疾病保障、定期寿险、身故保障等。若投保人在等待期后不幸身故或者重疾，可免交后续保费。家庭可根据自身需求，自由灵活地定制交费年限、险种、保费等。

保障计划。主要从教育金、重大疾病保险金、住院津贴、意外医疗、保费豁免、满期金等方面进行说明。

教育金。根据合同条款约定，在保险期间，被保险人从18周岁到24周岁，保险公司将在每一个保单周年日，按主合同的基本保额的10%向受益人给付教育年金，张先生可每次为孩子领取教育金2000元。其中在保险期间内，被保险人在15~21周岁，保险公司分别按附加合同基本保额的100%向受益人给付高中教育金、大学教育金。张先生可每次为孩子领取教育金1万元。

重大疾病保险金。在保险期间，若被保险人在等待期后初次发生、经医院首次确诊患有附加合同所规定的重大疾病或特定重大疾病的，保险公司将按合同约定的保额10万元，向受益人给付重大疾病保险金或特定重大疾病保险金，两者都只会给付一次。

住院津贴。主要包括意外住院津贴和疾病住院津贴。在保险期间，若被保险人因意外伤害导致住院的，住院津贴保险金＝被保险人实际住院天

数 × 附加合同基本保额的200%（300）；若被保险人因在保障范围内的疾病导致住院的，住院津贴保险金＝被保险人实际住院天数 × 附加合同基本保险金额（150）。不同情形导致的住院，住院津贴是不同的。

意外医疗。若被保险人因意外伤害导致住院的，如果该医疗费用符合社保支付范围内的合理医疗费用，保险公司将按照相关约定支付相应的医疗保险金；如果医疗费用已经从社保医保或其他商业医疗险中得到赔付，保险公司赔付的医疗保险金＝（医疗费用－医疗费用中已从社会医疗保险、公费医疗、商业医疗保险获得的补偿或赔偿）×100%。如果医疗费用还未从任何渠道得到赔付或补偿，保险公司将赔付的医疗保险金＝医疗费用×80%。一般在每一保险年度，保险公司累计给付的医疗保险金总和以附加合同的基本保额为限。

豁免保费。一般当被保险人初次发生、经医院首次确诊患有附加合同所规定的重大疾病或者投保人身故的，保险公司将豁免保单上载明的主合同及其附加合同剩余的各期保险费。

满期金。在保险期间，在被保险人25周岁，保险公司将按主合同的基本保额的50%向受益人给付满期保险金1万元，主合同及其所有附加合同的效力一并终止。

如上例所示，在配置教育险时，可以考虑"主险＋附加险"的形式，实现多重保障并且价格最优化。除此之外，一般在配置教育险时，我们还需要注意以下事项。

①保障范围越广越好。在给孩子配置保险时，首先是要具有基本的意外和医疗保障，然后才是配置教育和养老。当然上例所示的能实现意外、医疗、重疾、教育等综合保障的产品最佳。

②保费考虑家庭预算。一般兼顾重疾和医疗的教育险，保费相对于纯教育险都会更高一点，在相同的费用及期限下，从家庭实际出发，考虑家庭的收入与支出，给孩子选择一款保障更广、收益更好的产品很重要。

当然，还未有孩子的家庭，通过理财保险的配置，获取理财收益给孩子积累教育金，投入的本金多少，因险种、收益、经验等不同而不同。

③读懂豁免条款。教育险一般都包括了保费豁免条款，但不同的平台及险种，对于豁免情形的规定可能存在一定的差异，在配置时，要明确是否具有该条款、豁免情形有哪些、豁免费用有多少等事项。

④明确投保年龄。教育险具有短期、中期、长期等类型，一般中长期较多，如保障到孩子大学毕业、研究生毕业、30周岁等。教育险与其他人身保险不同，投保开始年龄一般最高不会超过17周岁，否则投保的意义不大，并且越早配置，在费用方面相对更优惠，积累的教育金也更多。

⑤产品多比较。在相同的保费及期限下，可以将几家不同的保险公司的产品进行比较，选择保障范围更广、售后理赔更好、保险公司经营良好的产品，实现教育险的优化配置。

为孩子配置教育险，是为未来家庭大额支出提前买单，不仅要考虑孩子的实际情况，还要考虑孩子未来受教育的水平高低，从孩子的实际需要出发，不建议高额配置，因为这会导致每年交纳的保费较高，从而后续不能及时续费，带来不必要的损失。

同时在险种方面，教育险不仅具有一定的教育金，也可以兼顾一定的保障功能，以应付未来可能发生的意外。另外，在保险公司的选择上，要注重保险公司的实力、信誉、售后等。